Nikolaus B. Enkelmann · Christiane Burkart

Erfolgsprinzipien der Optimisten

Gewidmet meiner Tochter Claudia,
die meine Philosophie in das
nächste Jahrtausend tragen wird.

Nikolaus B. Enkelmann
Christiane Burkart

Erfolgsprinzipien der Optimisten

GABAL

Die Deutsche Bibliothek - CIP-Einheitsaufnahme

Enkelmann, Nikolaus B.:
Erfolgsprinzipien der Optimisten : Wünschen - Planen - Wagen - Siegen - /
Nikolaus B. Enkelmann ; Christiane Burkart. - Offenbach :
GABAL, 1997
ISBN 3-930799-44-8

Lektorat: Ute Flockenhaus, Fischerhude (b. Bremen)
Titelillustration: Udo Leuchtmann, Bremen
Cover: image team, Bremen
Satz und Layout: image team, Bremen
Druck und Verarbeitung: Salzland Druck, Staßfurt

Verlagsinformationen:
Jünger Service, Schumannstr. 161, 63069 Offenbach
Tel.: 069/84 00 03-22 (-0) Fax: 069/84 00 03-33

Inhaltsverzeichnis

Vorwort

Liebe Leserin, lieber Leser,

Optimisten sind erfolgreich

wer im Leben erfolgreich sein will, der kann dies nur mit einer optimistischen Lebenseinstellung, denn der Pessimist stellt sich täglich selbst ein Bein. Für den Optimisten ist es viel leichter, erfolgreich zu werden und zu bleiben; und nur der optimistische Erfolgreiche kann seinen Erfolg auch genießen und glücklich werden. Wir wollen Ihnen mit diesem Buch zeigen, wieso gerade Optimisten so erfolgreich sind, und wie auch Sie zu einem solchen Menschen werden können.

Ist Wissen Macht?

„Wissen ist Macht“, sagt der Volksmund. Aber stimmt das denn wirklich? Verändert schon das Wissen allein unsere Welt und unseren Alltag? Wenn Sie krank sind, nützt es Ihnen auch nichts, den Beipackzettel Ihrer Medikamente nur zu lesen – Sie müssen sich die Pillen schon einverleiben, um die gewünschte Wirkung zu erzielen.

Ihre Mitarbeit ist gefragt

Dieses Buch ist ein Arbeitsbuch, Ihr wertvollstes Arbeitsbuch auf dem Weg zum Erfolg. Ihre aktive Mitarbeit ist gefragt! Wir zeigen Ihnen, wie Sie Ihr Wissen und Können aktivieren, optimieren und erfolgbringend anwenden können. Die zahlreichen Trainingsblöcke haben das Ziel, Ihr Unterbewußtsein zu aktivieren, und führen Sie zu einer Bewußtseinserweitung. Die intensive Beschäftigung mit diesem Training bewirkt eine automatische Verhaltensänderung und maximiert Ihren Erfolgsquotienten.

Drei Diamanten am Ende jedes Kapitels

Die wichtigsten Stellen haben wir im Text besonders hervorgehoben, und Sie sollten die Aussagen, die für Sie persönlich besonders wichtig sind, als Affirmationen verwenden. Am Ende eines jeden Kapitels haben wir die drei wichtigsten Punkte zusammengefaßt: die *„Drei Diamanten"*. Diese Gedanken und Erkenntnisse werden sich fest in Ihrem Gedächtnis verankern.

Markieren und notieren Sie!

Arbeiten Sie aktiv mit, streichen Sie mit farbigen Textmarkern an, was für Sie persönlich von Bedeutung ist – was Sie selbst markieren, bleibt Ihnen noch besser im Gedächtnis haften und kann von dort seine Wirkung entfalten. Notieren Sie sofort, was Sie anwenden und umsetzen wollen. So wird das Buch für Sie zum täglichen Begleiter und gleichzeitig zum Meilenstein Ihrer persönlichen Entwicklung. Mit dieser effektiven Methode machen Sie sich im Laufe der nächsten Zeit die „Erfolgsprinzipien der Optimisten" zu eigen. Sie werden Ihnen im Alltag eine wertvolle Hilfe sein.

Das Wissen von Glück und Erfolg ist so alt wie die Menschheit selbst und wird durch die neuesten psychologischen Untersuchungen bestätigt. Wir haben dieses Wissen für Sie so aufbereitet, daß Sie es in Ihrem täglichen Handeln sofort einsetzen können und der Erfolg nicht auf sich warten läßt.

Glauben Sie an Ihren Erfolg!

„Der Glaube kann Berge versetzen." – Sie werden lernen, fest an Ihr Glück und an Ihren Erfolg zu glauben. Wir bieten Ihnen unser Wissen und unsere Erfahrung, damit Sie Ihre Ziele erreichen. Nutzen Sie diese Gelegenheit; werden auch Sie erfolgreicher Optimist!

Symbole, die wir im Text zur visuellen Unterstützung verwendet haben:

Training: Die intensive Beschäftigung mit dem Thema aktiviert Ihr Unterbewußtsein und unterstützt Ihre optimistische Lebenseinstellung.

Merksätze: Die Yin-Yang-Figur kennzeichnet wichtige Textpassagen. Prägen Sie sich diese Sätze ein und verwenden Sie sie als Affirmationen.

Die „Drei Diamanten": Die wichtigsten Aussagen des Kapitels auf einen Blick.

Einleitung

„Der Optimist denkt ebenso einseitig wie der Pessimist. Nur lebt er froher.“

Charlie Rivel

Der Erfolgstrainer Nikolaus B. Enkelmann

Glauben Sie, ...

... daß Sie noch seelische Kraftreserven haben?
... daß Mißerfolge Ihre Lebenszeit verkürzen können?
... daß Sie Ihren Partner glücklich und erfolgreich machen können?
... daß Sie Ihren Willen trainieren und verstärken können?
... daß sich Ihre Probleme auf die Menschen in Ihrer Umgebung auswirken?
... daß man lernen kann, Menschen positiv zu beeinflussen?
... daß Sie Ihre eigene Zukunft positiv beeinflussen können?
... daß man die Kunst der Menschenführung erlernen kann?
... daß Ihre Kinder positive Vorbilder brauchen?
... daß man lernen kann, noch erfolgreicher zu sein?

Wenn Sie auf die meisten dieser Fragen mit „Ja“ antworten, dann sind Sie bei Nikolaus B. Enkelmann genau richtig. Haben Sie dagegen überwiegend mit „Nein“ geantwortet, dann wird es höchste Zeit, daß Sie sich jetzt mit der Enkelmann-Erfolgsmethodik vertraut machen.

Nikolaus B. Enkelmann zählt zu den erfolgreichsten Persönlichkeitstrainern Deutschlands. Bekannt wurde er durch seine sechs Bücher, über 40 Suggestiv- und Vortragskassetten und zahlreiche Radio- und Fernsehinterviews sowie Hypnosesendungen bei RTL und im ZDF. Er geht davon aus, daß Erfolg „erfolgt“, nämlich immer dann, wenn die eigene positive Energie genutzt wird, um den Lebensweg und die Ziele selbständig zu bestimmen.

Seine Philosophie lautet:

Erfolg im Leben ist das Ergebnis unseres Denkens.

Mentales Training für Spitzenleistungen

Das von ihm erstmals angewandte mentale Training bei Spitzensportlern der deutschen Alpinen Damen-Nationalmannschaft und der österreichischen Olympiamannschaft der Skispringer führte zu Goldmedaillen und großen Erfolgen. Er trainiert Mitarbeiter vieler bedeutender Unternehmen, Top-Manager, Ärzte, Sportler und Angehörige aller Berufsgruppen genauso wie Hausfrauen, Schüler und Studenten. Das Ziel aller seiner Seminare ist der harmonische und selbstbewußte Mensch, der seine Zukunft erfolgreich gestaltet und der Gesellschaft Nutzen bringt.

**Alles, was lebt, braucht Erfolg.
Erfolg ist nur ein anderes Wort für Leben.**

Die Voraussetzungen für den Erfolg liegen im Menschen selbst

Mit diesen Worten stimmt der Motivator und Erfolgstrainer die Teilnehmer der Seminare in seinem *Institut für Persönlichkeitsbildung und Zukunftsgestaltung* in Königstein auf seine Veranstaltungen ein. Nikolaus B. Enkelmann versteht es, die Zuhörer zu faszinieren und vor allem zu Höchstleistung zu motivieren. Immer mehr Menschen lassen sich von seinem Erfolgssystem coachen: *Jeder kann morgen etwas werden, das er heute noch nicht ist.* Der Weg zum privaten und beruflichen Erfolg steht jedem frei. Jeder Mensch kann den Mut zur Selbstbestimmung entwickeln, seine Ausstrahlung optimieren und ein erfülltes Leben führen; die Voraussetzungen dafür liegen im Menschen selbst und warten nur darauf, aktiviert zu werden.

Die Kraft der Wünsche stärken

Auf eindrucksvolle Weise behandelt Nikolaus B. Enkelmann die existentiellen Fragen der Menschheit, die Fragen nach dem Sinn des Lebens und nach den Bedingungen des Erfolgs. Sein Anliegen ist es, die Kraft der Wünsche seiner Zuhörer zu stärken, denn je mehr ein Mensch seine Wünsche und Ziele liebt, um so eher wird er sie auch erreichen. Wer keine Ziele ansteuert und seine Zukunft nicht plant, der hat auch keine. Doch wer im Vertrauen auf sein Ich handelt, der erkennt schnell, daß er auch die größten Ziele realisieren kann.

Lassen Sie sich aufrütteln ...

Nikolaus B. Enkelmann rüttelt auf. Er kennt die Ängste und Wünsche seiner Seminarteilnehmer und gewinnt ihr Vertrauen. Nicht zuletzt durch seine exzellente Rhetorik zieht er das Publikum in seinen Bann. Das beweisen die leuchtenden Augen in den Seminarpausen und die großen Erfolge ehemaliger Teilnehmer.

... und provozieren!

Deshalb kommen folgende Personengruppen für seine zahlreichen Vorträge, Seminare und Bücher **nicht** in Frage:

- wer seine Ideen und Einfälle verkommen lassen möchte,
- wer gerne meckert und ohne Feinde nicht leben kann,
- wer fest daran glaubt, ein minderwertiger Mensch zu sein und es auch bleiben will,
- wer sich am glücklichsten fühlt, wenn er keinen Finger zu rühren braucht,
- wer nur Zuschauer seines eigenen Lebens sein will.

Diese Menschen sollten sich von Nikolaus B. Enkelmann fernhalten, denn seine Ideen und seine Methode könnten die Menschen dazu verleiten, ihr Leben zu lieben, es voller Freude und Engagement selbst zu gestalten und dabei auch noch glücklicher und erfolgreicher zu sein!

Sie erhalten Zuversicht und Mut

Nikolaus B. Enkelmann strahlt Begeisterung aus und gibt sie an seine Zuhörer weiter: Und wenn sie nach ein paar Tagen das Seminar verlassen, sind sie alle selbstbewußter und optimistischer. Sie wissen, daß sie mit innerer Ruhe und im Vertrauen auf ihre Ziele einen neuen erfolgreichen Weg beschreiten werden. Nikolaus B. Enkelmann gibt den Menschen Zuversicht und Glauben; er macht ihnen Mut, alle Wünsche und selbst die kühnsten Träume für realisierbar zu halten – und sie zu verwirklichen!

„Durch Deutschland muß ein Ruck gehen“

Hoffnung, Zuversicht und Optimismus sind die treibenden Kräfte eines zielstrebigen, erfolgreichen Menschen. In Deutschland kann man von dieser optimistischen Lebenseinstellung derzeit nicht allzuviel wahrnehmen. Vielmehr ist Angst vor einer ungewissen Zukunft und oftmals sogar Gleichgültigkeit spürbar.

Nicht so bei ***Bundespräsident Roman Herzog,*** der in seiner Berliner Grundsatzrede vom 26. April 1997 die Deutschen unter dem Motto „Aufbruch ins 21. Jahrhundert“ im wahrsten Sinne des Wortes aufrüttelt:

„In Berlin wird Zukunft gestaltet. Nirgendwo sonst in unserem Land entsteht so viel Neues. Hier spürt man: Wir können etwas gestalten, ja sogar etwas verändern. Einen neuen Aufbruch schaffen, wie ihn nicht nur Berlin, sondern unser ganzes Land braucht. Ich wünsche mir, daß von dieser Berlin-Erfahrung Impulse auf ganz Deutschland ausgehen. Denn was im Laboratorium Berlin nicht gelingt, das wird auch in ganz Deutschland nicht gelingen.
(...)
Ich komme gerade aus Asien zurück. In vielen Ländern dort herrscht eine unglaubliche Dynamik. Staaten, die noch vor kurzem als Entwicklungsländer galten, werden sich innerhalb einer einzigen Generation in den Kreis der führenden Industriestaaten des 21. Jahrhunderts katapultieren. Kühne Zukunftsvisionen werden dort entworfen und umgesetzt; und sie beflügeln die Menschen zu immer neuen Leistungen.
Was sehe ich dagegen in Deutschland? Hier herrscht ganz überwiegend Mutlosigkeit, Krisenszenarien werden gepflegt. Ein Gefühl der Lähmung liegt über unserer Gesellschaft.

(...)

Zum ersten Mal werden auch diejenigen, die bisher noch nie von Arbeitslosigkeit bedroht waren, von Existenzangst für sich und ihre Familie geplagt. Das amerikanische Nachrichtenmagazin „Newsweek“ sprach schon von der „Deutschen Krankheit“. Das ist gewiß übertrieben. Aber so viel ist doch richtig: Wer heute in unsere Medien schaut, der gewinnt den Eindruck, daß Pessimismus das allgemeine Lebensgefühl bei uns geworden ist.

(...)

Das ist ungeheuer gefährlich, denn nur zu leicht verführt Angst zu dem Reflex, alles Bestehende erhalten zu wollen, koste es, was es wolle. Eine von Ängsten erfüllte Gesellschaft wird unfähig zu Reformen und damit zur Gestaltung der Zukunft. Angst lähmt den Erfindergeist, den Mut zur Selbständigkeit, die Hoffnung, mit den Problemen fertigzuwerden.

(...)

Unser eigentliches Problem ist also ein mentales: Es ist ja nicht so, als ob wir nicht wüßten, daß wir Wirtschaft und Gesellschaft dringend modernisieren müssen. Trotzdem geht es nur mit quälender Langsamkeit voran. Uns fehlt der Schwung zur Erneuerung, die Bereitschaft, Risiken einzugehen, eingefahrene Wege zu verlassen, Neues zu wagen. Ich behaupte: Wir haben kein Erkenntnisproblem, sondern ein Umsetzungsproblem.

(...)

Zuerst müssen wir uns darüber klar werden, in welcher Gesellschaft wir im 21. Jahrhundert leben wollen. Wir brauchen wieder eine Vision. Visionen sind nichts anderes als Strategien des Handelns. Das ist es, was sie von Utopien unterscheidet. Wir brauchen aber nicht nur den Mut zu solchen Visionen, wir brauchen auch die Kraft und die Bereitschaft, sie zu verwirklichen. Ich rufe auf zur inneren Erneuerung.

(...)
Visionen können ungeahnte Kräfte mobilisieren: Ich erinnere mich nur an die Vitalität des „American Dream", an die Vision der Perestroika, an die Kraft der Freiheitsidee im Herbst 1989 in Deutschland.
(...)
Die Welt ist im Aufbruch, sie wartet nicht auf Deutschland. Aber es ist auch noch nicht zu spät. Durch Deutschland muß ein Ruck gehen. Wir müssen Abschied nehmen von liebgewordenen Besitzständen. Alle sind angesprochen, alle müssen Opfer bringen, alle müssen mitmachen.
(...)
John F. Kennedy hat einmal gesagt: Unsere Probleme sind von Menschen gemacht, darum können sie auch von Menschen gelöst werden. Ich sage: Das gilt auch für uns Deutsche. Und ich glaube daran, daß die Deutschen ihre Probleme werden lösen können. Ich glaube an ihre Tatkraft, ihren Gemeinschaftsgeist, ihre Fähigkeit, Visionen zu verwirklichen.
(...)
Wir können eine Welle neuen Wachstums auslösen, das Arbeitsplätze schafft. Das Ergebnis dieser Anstrengung wird eine Gesellschaft im Aufbruch sein, voller Zuversicht und Lebensfreude, eine Gesellschaft der Toleranz und des Engagements. Wenn wir alle Fesseln abstreifen, wenn wir unser Potential voll zum Einsatz bringen, dann können wir am Ende nicht nur die Arbeitslosigkeit halbieren, dann können wir sogar die Vollbeschäftigung zurückgewinnen.
(...)
Ich rufe auf zu mehr Selbstverantwortung. Ich setze auf erneuerten Mut. Und ich vertraue auf unsere Gestaltungskraft. Glauben wir wieder an uns selbst. Die besten Jahre liegen noch vor uns."

Roman Herzog ruft auf zu einer inneren Erneuerung Deutschlands. Mit einer klaren Vision für das 21. Jahrhundert spricht er gegen die weitverbreitete Mutlosigkeit: „Durch Deutschland muß ein Ruck gehen!"

Diese Worte sind Nikolaus B. Enkelmann „aus der Seele gesprochen". Seit vielen Jahren ist dies seine zentrale Botschaft: Wer im Leben erfolgreich sein will, kann dies nur mit einer optimistischen Lebenseinstellung, mit Mut und dem Glauben an sich selbst. Den Weg dorthin zeigt Nikolaus B. Enkelmann in dem vorliegenden Buch auf. Begleiten Sie ihn und erfahren Sie, wie Sie die Chancen Ihres Lebens nutzen können.

Was ist Erfolg?

Sicher haben auch Sie sich schon viele Gedanken über den Erfolg gemacht. Die Tatsache, daß Sie dieses Buch erworben haben, zeigt, daß Sie sich für Ihren persönlichen Erfolg interessieren. Zunächst einmal stellt sich die Frage, was Erfolg überhaupt ist und welche Bedeutung er für unser Leben hat.

Norman Vincent Peale, der große amerikanische Lebensberater und Vater des positiven Denkens, hat beschrieben, wie der erfolgreiche Mensch aussehen sollte:

Die soziale Komponente des Erfolgs

„Um erfolgreich zu sein, muß man innerlich organisiert, ruhig, sicher, philosophisch, umgänglich, zuversichtlich und mutig sein. All das, nichts weniger. Man muß aus sich herausgehen, hilfreich, besorgt, teilnehmend und aufbauend sein. Man muß von dem geben, was man besitzt, und ein soziales Ziel haben. Kurz,

man sollte versuchen, alles und jedermann, mit dem man in Berührung kommt, ein wenig besser zu machen."

(Peale, 1986, S. 204)

Seiner Ansicht nach entstehen Erfolg oder Mißerfolg im Leben aus der Art und Weise, wie man mit den geistigen und materiellen Besitztümern umgeht, über die man verfügt. Je optimistischer ein Mensch dabei ist, um so eher hat er die innere Ruhe und Kraft, um auch schwere Zeiten mit Erfolg durchzustehen.

Was bedeutet „Erfolg" für Sie, verehrte Leserin, verehrter Leser? Nehmen Sie sich zur Beantwortung der folgenden Trainingsblöcke ruhig ein wenig Zeit!

Training:

Setzen Sie sich einmal ganz bewußt mit dem Begriff „Erfolg" auseinander, und versuchen Sie, kurz und knapp zu definieren, was Sie unter „Erfolg" verstehen:

Denken Sie nun an erfolgreiche Menschen, die Sie kennen. Wer fällt Ihnen da ein? Zählen Sie mindestens fünf Personen auf, und schreiben Sie auch auf, welche Verhaltensweisen ihren Erfolg verursachen:

ist erfolgreich, weil

Welche Leistungen oder Ergebnisse würden Sie als persönlichen Erfolg bezeichnen?

Auf welchem Gebiet waren Sie in den letzten Tagen oder Wochen erfolgreich?

Erfolg ist nicht nur materiell

Sie haben sicher festgestellt, daß Erfolg nicht zwangsläufig mit Geld und materiellen Gütern gleichzusetzen ist. Spätestens durch dieses Training wird den meisten Menschen klar, daß es mehr gibt als Erfolg im Beruf und daß Erfolge in den verschiedensten Lebensbereichen zu finden sind: Es kann für jemanden ein großer Erfolg sein, wenn er einen Wettkampf gewinnt oder eine Prüfung besteht, ein anderer ist stolz darauf, in sein eigenes Haus einzuziehen. Sie können ein wertvolles Bild ersteigern, Ihre Traumfrau heiraten, jemandem in einer schwierigen Angelegenheit behilflich sein, Ihre Steuererklärung selbst verfassen, Gitarre spielen lernen, Ihren Kindern bei den Hausaufgaben helfen, einen Kurs in Aquarellmalen absolvieren oder jeden Monat einige hundert Mark sparen – all das und noch viel mehr kann einen Erfolg bedeuten!

Seit über dreißig Jahren habe ich mich damit beschäftigt, was den Menschen glücklich und erfolgreich macht. Ich habe in dieser Zeit mit vielen tausend erfolgreichen Menschen gesprochen und mich intensiv mit den großen Denkern unserer Zeit beschäftigt. Schließlich habe ich erkannt, daß die großen Weisheiten zumeist ganz einfach sind und so naheliegend, daß man Gefahr läuft, sie zu übersehen. Im Laufe der Jahre reifte die folgende Erkenntnis heran: Wir alle leben in einer Welt voller Probleme, und darum definieren wir:

Erfolg ist die Kunst, Probleme zu lösen und Hindernisse zu überwinden.

Wenn Sie sich mit diesem Gedanken eine Zeitlang befassen, stehen Sie automatisch vor der Frage: „Bin ich nun ein Mensch, der Probleme löst, oder ein Mensch, der Probleme verursacht?“ Vielleicht kommen Sie zu der Erkenntnis: „Das größte Problem bin ich selbst.“

Gerade dann wird es höchste Zeit, daß Sie Teil der Lösung werden und lernen, aktiv Probleme zu lösen.

Erfolg ist nicht dauerhaft, aber wiederholbar

Erfolg ist keine einmalige Angelegenheit und auch kein Zufall, sondern Erfolg will immer neu erobert werden. Der Schluß „einmal erfolgreich, immer erfolgreich" ist falsch. Erfolg erfordert kontinuierliches Engagement und permanente Beschäftigung mit den Zielen, die man erreichen möchte.

Sicherlich war es ein Erfolg für *Bill Clinton,* zum Präsidenten der Vereinigten Staaten gewählt zu werden. Aber wird er deshalb immer erfolgreich sein? Natürlich nicht, denn seine weiteren Erfolge hängen ab von seiner Begeisterung und dem Engagement für seine Ziele und von seiner Fähigkeit, anstehende Probleme zu erkennen und zu lösen. Im Bestreben, Probleme zu lösen, wächst der Mensch über sich selbst hinaus und erreicht so seine Ziele. *Im Mittelpunkt des Erfolgs steht immer der Mensch* – mit seinen Fähigkeiten, seiner Kreativität, seiner Energie und seinem Willen, mit seiner Leistung und Begeisterungsfähigkeit.

Erfolg ist kein Stillstand, kein Geschenk und auch kein Zufall, sondern ein lebenslänglicher Wachstumsprozeß.

„Erfolgswörter"

Viele positive Wörter, die zum Erfolg beitragen, beginnen mit „E", so zum Beispiel:

Ebenbild
Echtheit
Ehre
Eigendynamik
Einsatz
Eigeninitiative
Einatmen
Einfall
Einmaligkeit
Erfahrung

Einsicht
Einstellung
Elan
Elite
Energie
Entfaltung
Enthusiasmus
Entscheidung
Entschlossenheit
Entwicklung
Erfindung
Ergänzung
Erkenntnis
Erlebnis
Erleuchtung
Esprit
Etappe
Euphorie
Evolution
und so weiter.

Training:

Sicherlich fallen Ihnen hier noch mehr Begriffe ein; schreiben Sie diese auf und verankern Sie diese „Erfolgswörter" in Ihrem Gedächtnis:

Jeder ist seines Glückes Schmied

Erfolg ist nichts, was Ihnen zufällt oder was andere für Sie erreichen können; Sie müssen schon selbst aktiv werden. Wir können Ihnen in diesem Buch wichtige Hilfestellung leisten, wir können Ihnen mit Rat und Tat und unserem Erfahrungsschatz Unterstützung geben. Doch diese Ratschläge in Handlungen umsetzen und Ihre Ziele ansteuern müssen Sie schon selbst. Der wirkliche Erfolg hängt allein von Ihrem Verhalten, Ihrer Persönlichkeit und vor allem Ihrer Einstellung ab. Vielleicht steht inzwischen Ihr Entschluß fest:

Ich kann, ich will und ich werde Probleme lösen. Ich bin ein Teil der Lösung, nicht ein Teil des Problems.

Die „Drei Diamanten":

- Erfolge sind gelöste Probleme.
- Im Mittelpunkt des Erfolgs steht immer der Mensch.
- Erfolg ist eine Frage meines Verhaltens und meiner Einstellung.

Test: Wie optimistisch sind Sie?

Eine optimistische Lebenseinstellung ist erlernbar

Wenden wir uns nun einer Grundvoraussetzung des Erfolges zu: dem Optimismus. Wir gehen davon aus, daß nur der optimistische Mensch im Leben erfolgreich sein wird und daß diese zuversichtliche Lebenseinstellung erlernt und verstärkt werden kann. Kein Mensch ist dazu verdammt, für immer als Pessimist zu leben.

Sie entscheiden, wie es weitergeht

Sicher fragen Sie sich bereits: „Wie optimistisch bin ich eigentlich?" – „Kann und sollte ich meinen Optimismus noch verstärken?" Der folgende Test wird Ihnen einen Spiegel vorhalten. Das Ergebnis dieses Tests wird Sie beurteilen, aber nicht verurteilen, denn Sie entscheiden, wie es in Ihrem Leben weitergeht, und dieses Trainingsbuch wird Ihnen dabei helfen.

Lesen Sie sich die folgenden Aussagen durch, und kreuzen Sie dann spontan an, was auf Sie zutrifft oder nicht zutrifft. Je spontaner Sie auf die Fragen antworten, um so genauer wird Ihr Ergebnis sein:

Test: Sind Sie ein Optimist?
Durch welche Brille sehen Sie Ihre Welt?

	Trifft zu	Trifft nicht zu
1. Die meisten Menschen sind sehr freundlich zu mir.	○	○
2. Ich mache mir wenig Sorgen über Dinge, auf die ich keinen Einfluß nehmen kann (Katastrophen, Tod, Wetter usw.).	○	○
3. Ich sage häufiger Ja als Nein.	○	○
4. Man kann mich nicht leicht entmutigen.	○	○
5. Ich glaube an das Gute in der Welt.	○	○
6. Ich muß nicht perfekt sein.	○	○
7. Ich kann aus vollem Herzen lachen.	○	○
8. Ich habe mich heute schon gelobt.	○	○
9. Ich denke weniger über meine Mißerfolge nach als über meine Erfolge.	○	○
10. Ich bin oft guter Laune und begeistert.	○	○
11. Ich kann mich gut konzentrieren.	○	○
12. Ich kann Komplimente akzeptieren und mich darüber freuen.	○	○
13. Ich glaube, daß sich alles zum Guten wenden wird.	○	○
14. Ich fühle mich vital und gesund.	○	○
15. Ich bin ein Glückspilz bzw. Sonntagskind.	○	○
16. Hindernisse motivieren mich – ich bin sehr beharrlich.	○	○

17. Meine Zukunft wird schön.	○	○
18. Ich kann anderen Menschen Mut machen.	○	○
19. Von kleinen Mißgeschicken lasse ich mir nicht den Tag verderben.	○	○
20. Ich kritisiere andere nur selten.	○	○
21. Ich bin mutig.	○	○
22. Meine Erfolge habe ich selbst verursacht.	○	○
23. Ich habe viele positive Eigenschaften.	○	○
24. Ich lasse mich von Hindernissen nicht abhalten.	○	○
25. Ich glaube, daß Erfolg der natürliche Weg meiner Entwicklung ist.	○	○
26. Erfolg ist kein Zufall.	○	○
27. Es gibt viele Dinge, auf die ich mich in den nächsten Tagen freue.	○	○
28. Ich beschwere mich selten.	○	○
29. Ich habe gute Erinnerungen an meine Vergangenheit.	○	○
30. Die Lösung schwieriger Probleme gelingt mir immer, wenn ich mich darum bemühe.	○	○
31. Meine Freunde finden, daß ich sehr sympathisch und positiv bin.	○	○
32. Was auch immer passiert, ich werde schon klarkommen.	○	○

Auswertung:
Bitte zählen Sie aus, wie häufig Sie die Kategorie „Trifft zu“ angekreuzt haben.

Weniger als 10 Kreuzchen in der Kategorie „Trifft zu":

Gratulation, Sie haben das richtige Buch erworben! Sie sollten es sehr aufmerksam und konzentriert durcharbeiten. Wir wissen nicht, warum Sie gerade so pessimistisch sind, vielleicht hatten Sie in letzter Zeit zu viele Mißerfolge oder Ihre Eltern haben Ihnen das Vertrauen in die Welt madig gemacht, indem sie Dinge sagten wie zum Beispiel: „Vögel, die früh singen, holt am Abend die Katze." Was auch immer es ist, das Ihnen die Freude am Leben verdorben hat: Sie können die Vergangenheit nicht ändern. Aber Sie haben die Möglichkeit, Ihre Einstellung zu verändern und täglich etwas positiver und optimistischer zu werden. Vertrauen Sie auf Ihre Fähigkeiten, und lassen Sie sich auf unsere Erfahrung und unser Training ein. Erkenntnis ist der erste Schritt auf dem Weg in Ihre positive Zukunft. Sie werden täglich kleine und größere Erfolgserlebnisse haben, die Sie in kurzer Zeit zum fröhlichen Optimisten werden lassen!

Zwischen 11 und 24 Kreuzchen in der Kategorie „Trifft zu":

Sie sind auf dem richtigen Weg. Grundsätzlich haben Sie eine optimistische und positive Lebenseinstellung. Ab und zu lassen Sie sich jedoch von anderen Menschen und von kleinen Mißerfolgen den Mut nehmen und die Laune verderben. Möglicherweise gelingt es Ihnen in bestimmten Situationen (noch) nicht immer, aus den gegebenen Voraussetzungen auch wirklich das Beste zu machen. Ihre Grundhaltung ist auf jeden Fall positiv und optimistisch, und Sie werden durch unser Training Ihre Haltung noch verstärken. Die Trainingsblöcke in diesem Buch können Ihnen die entscheidenden Impulse geben, um noch zuversichtlicher zu werden und vor allem auch in kritischen und stressigen Situationen durch Ihre optimistische Ausstrahlung zu gewinnen. Sie werden von einem Trainingsweltmeister zu einem wahren Meister.

Mehr als 24 Kreuzchen in der Kategorie „Trifft zu":

Sollten Sie jetzt schon mehr als 24mal „trifft zu" angekreuzt haben, dann sind Sie bereits Optimist. Sie verstehen es, allen Lebenslagen etwas Positives abzugewinnen. Betrachten Sie dieses Buch als angenehme Lektüre zur Auffrischung und Verstärkung; achten Sie auf die kleinen Kniffe und Aha-Effekte am Wegrand, sie können Ihre positive Lebenseinstellung unterstützen. Sie sind einer der wenigen wirklich positiven Menschen, nutzen Sie diese wertvolle Eigenschaft, um andere Menschen zu entzünden und zu begeistern. So können Sie Ihren Erfolg noch mehr steigern, und man wird Sie lieben und bewundern.

Was ist Optimismus?

Im Verlauf der letzten Seiten haben wir immer wieder den Begriff „Optimismus" erwähnt, ohne jedoch zu definieren, was wir darunter verstehen. Wir wollen uns diesen Begriff im folgenden gemeinsam erarbeiten.

Training:

Wie würden Sie „Optimismus" definieren?

Wie sieht ein optimistischer Mensch aus?

Kennen Sie optimistische Menschen? Wen, und woran erkennen Sie seinen/ihren Optimismus?

Definitionen für „Optimismus"

Vielleicht haben Sie gemerkt, daß es gar nicht einfach ist, einen so alltäglichen Begriff zu definieren und einzugrenzen. In vielen Lexika und Nachschlagewerken wird der Begriff „Optimismus" gar nicht aufgeführt. In *Meyers Großem Taschenlexikon* finden wir folgende Definition:

„Optimismus, im Gegensatz bzw. Unterschied zu Pessimismus, Skeptizismus, Nihilismus die Grundhaltung, die durch eine positive, bejahende Beurteilung und Wertung von Welt, Leben, von Leistungen und Möglichkeiten des Menschen, von Kultur, Geschichte, Fortschritt, von Realisierbarkeit von Freiheit und Utopie bestimmt ist. Sie geht von der seinsmäßigen Gutheit der Welt aus oder gründet sich auf die Annahme der Möglichkeit von Fortschritt."

In *Kröners Philosophischem Wörterbuch* heißt es:

„Optimismus (von lat. Optimum, das Beste), ist im Gegensatz zum Pessimismus diejenige Lebensanschauung oder Gemütsstimmung, welche die Dinge und Geschehnisse von der besten Seite auffaßt, in allem einen guten Ausgang erhofft ...“

Kürzer und bildlich formuliert:

Während der Pessimist traurig behauptet, das Glas sei bereits halbleer, freut sich der Optimist darüber, daß es noch zur Hälfte voll ist.

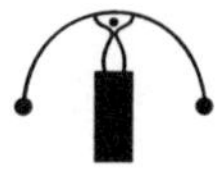

Unterschiedliche Interpretationen

In ein und derselben Situation verhält sich also der Optimist grundlegend anders als der Pessimist. Ein und dieselbe Situation interpretieren sie völlig unterschiedlich. Dies wird vor allem dann deutlich, wenn etwas nicht so läuft, wie es ursprünglich geplant oder angestrebt war. Jeder sieht das, was er sehen will: *„Jeder sieht die Welt durch die Brille, die für seine Augen paßt.“* (Altes indisches Sprichwort)

Pessimisten lassen sich entmutigen

Der Pessimist sieht in einer Niederlage gleich eine Katastrophe. Er ist entmutigt und grübelt über die Gründe für sein persönliches Versagen nach, er sucht die Schuld dafür bei anderen oder in seinen eigenen Unzulänglichkeiten. Oft genug verdrängt er darüber sämtliche positiven Aspekte und auch frühere Erfolgserlebnisse.

Optimisten bewahren die Ruhe

Der Optimist dagegen läßt sich nicht aus der Ruhe bringen. Selbst wenn im Moment nicht der gewünschte Erfolg eingetreten ist, so hat diese kleine Niederlage ja vielleicht den Sinn, daß er daraus etwas lernen kann

Im Leben ist alles eine Frage der Perspektive:

Optimistisch

Pessimistisch

Im Leben ist alles eine Frage der Perspektive:

oder daß die ganze Situation eine noch bessere Wendung nimmt, als er jetzt absehen kann. In einer solchen optimistischen Lebenseinstellung liegt eine der größten inneren Ressourcen der Persönlichkeit. Ein Optimist hat immer Pläne und Ziele für die Zukunft, der er gelassen entgegensieht, auch wenn in der Gegenwart nicht alles glatt läuft. Sein Motto lautet:

Alles wird gut, alles wird besser. Wo sich eine Tür schließt, öffnet sich eine neue.

Der erfolgreiche Optimist schätzt seine Fähigkeiten und Handlungsmöglichkeiten als sehr positiv ein und glaubt daran, daß er sein Leben nach seinen Vorstellungen gestalten kann.

Positives Denken

Sie können die Bedeutung des positiven Denkens nur dann verstehen, wenn es Ihnen gelingt, die im Gehirn ablaufenden Prozesse zu erkennen. Ist Ihnen schon einmal bewußt geworden, daß Sie nur jeweils *einen* Gedanken auf einmal denken können? Und daß dieser Gedanke *entweder* positiv *oder* negativ, *entweder* aufbauend *oder* zerstörend sein kann? Mischformen gibt es nicht! Das ist so wie mit einer Schwangerschaft: „halbschwanger" gibt es nicht!

Positive Gedanken lassen keinen Platz für Grübeleien

Ähnlich ist es bei einem Diaprojektor: Sie sehen immer nur ein Bild. Entweder ein schönes oder ein häßliches Bild, entweder steht es richtig herum oder auf dem Kopf. Das Entscheidende ist jedoch, daß *Sie* bestimmen können, welche Bilder Sie sehen wollen. *Sie* wählen die Motive aus, *Sie* sortieren die Abfolge. So ist es auch mit Ihren Gedanken: Wenn Sie lauter positive Gedanken denken, ist einfach kein Platz mehr für deprimierende Vorstellungen und Grübeleien. Sicher kann es

Ihnen trotzdem passieren, daß einmal etwas schiefläuft und das Gedanken-Dia auf dem Kopf steht. Doch wenn das Motiv stimmt, ist das nicht weiter schlimm: Sie drehen es einfach wieder richtig herum.

Den Blick auf neue Chancen richten

Mit einer positiven Einstellung richten Sie automatisch den Blick immer wieder auf neue Chancen und die schönen Seiten des Lebens. Sie bewahren sich so die größten Aussichten auf Erfolg. Sie vertrauen auf sich und sind sich sicher, daß Ihr aktiver Einsatz auch belohnt wird: „Wenn ich mich aktiv einsetze, dann wird auch alles gutgehen."

Pessimismus führt zu Handlungsunfähigkeit

Eine pessimistische Grundhaltung dagegen macht Sie schnell handlungsunfähig:

- Pessimisten denken und reden solange negativ, bis die gefürchteten negativen Ereignisse Wirklichkeit werden (selbsterfüllende Prophezeiung).
- Negative Ereignisse werden überbewertet und als persönliche Niederlage angesehen. Pessimisten schieben vieles auf den Zufall und meinen, daß sie keinen Einfluß auf die Geschehnisse haben.
- Negative Gedanken lösen negative Gefühle aus wie Hilflosigkeit und Angst und führen langfristig zu Depressionen und zu einem geschwächten Immunsystem.
- Schließlich zeigen Pessimisten keine Aktivität und Begeisterung mehr, die notwendig wäre, um die nächste Aufgabe wieder mit Schwung und Zuversicht anzugehen.

„Pessimisten küßt man nicht“

Der Pessimist hat eine negative Einstellung zu sich selbst, zu seinen Mitmenschen und zur ganzen Welt. Er glaubt nicht an sich, nicht an andere und schon gar nicht an eine schöne Zukunft. Selbstverständlich wirkt sich dies auf das soziale Miteinander aus: Pessimismus ist nicht gefragt. Der Titel von Martin Seligman, dem renommiertesten Forscher auf diesem Gebiet, bringt es auf den Punkt: *„Pessimisten küßt man nicht“* – sie sind einfach nicht so sympathisch, wie sie sein könnten, und es macht keinen Spaß, mit ihnen Zeit zu verbringen. Sie machen es einem nicht leicht, sie zu lieben. Denn sie mögen weder sich noch andere. Statt Schwarzmalerei ist vielmehr eine wohlwollende Einschätzung der persönlichen Stärken und Fähigkeiten gefragt, außerdem ein Plan, ein Ziel und das feste Vertrauen darauf, Erfolg zu haben!

Optimisten fallen auf

Einen Optimisten erkennen Sie sofort an seinem Lachen und an seiner Fröhlichkeit. Er sorgt sich nicht um Ereignisse, auf die er sowieso keinen Einfluß hat, sondern überlegt, wo er etwas besser machen kann als beim letzten Mal. Kleine Mißerfolge schrecken ihn nicht ab, sie spornen ihn an. Und selbst in der ausweglosesten Situation besitzt der Optimist immer noch die Fähigkeit, sich das Ideale, das Vollkommene vorzustellen und als Ziel zu setzen:

Optimisten sind Meister der Lebenskunst!

Hoffnung, Zuversicht und Ausdauer sind seine treibenden Kräfte. Sein positives Denken zieht positives Handeln nach sich und führt zu den entsprechenden Erfolgen.

Daniel Goleman bestätigt in seinem Buch „Emotionale Intelligenz" unsere Erfolgs-Philosophie. Er schreibt:

Alles wird sich zum Besten wenden

„Optimismus bedeutet, daß man, wie bei der Hoffnung, die feste Erwartung hat, daß sich trotz Rückschlägen und Enttäuschungen letztlich alles zum Besten wenden wird. Aus der Sicht der emotionalen Intelligenz ist Optimismus eine Haltung, die die Menschen davor bewahrt, angesichts großer Schwierigkeiten in Apathie, Hoffnungslosigkeit oder Depression zu verfallen. Und Optimismus zahlt sich im Leben aus, genau wie die eng mit ihm verwandte Hoffnung."

(Goleman, 1996, S. 117)

Training:

Wie würden Sie „Optimismus" nun definieren?

Welches sind die wichtigsten Eigenschaften eines Optimisten?

Welche dieser Eigenschaften würden Sie sich zuschreiben?

Welche optimistischen Eigenschaften möchten Sie ab heute noch verstärken?

Jeder Tag bietet uns mehr Chancen, als wir nutzen können. Welche Chancen sehen Sie für sich?

Die „Drei Diamanten“:

- Alles wird gut, denn wo sich eine Tür schließt, öffnet sich eine neue.
- Man vermag immer nur einen Gedanken auf einmal zu denken. Ich entscheide, ob dieser Gedanke positiv oder negativ ist.
- Optimisten sind Meister der Lebenskunst und Meister im Erkennen von Chancen.

Die Grundgesetze der Lebensentfaltung

Philosophische Wurzeln des positiven Denkens

In allen Weisheitslehren der Welt, in den verschiedensten Strömungen der Philosophie und Psychologie aller Zeiten gibt es Methoden und Anleitungen, die zeigen, daß der Mensch in der Lage ist, sein Leben bewußt und erfolgreich zu gestalten. Das positive Denken ist keine Erfindung unserer Zeit; die Grundlagen gehen zurück bis auf *Epikur.* Erfolgsstrategien finden sich bei *Platon, Marc Aurel, Spinoza* und *Buddha,* genauso wie bei *Kant, Goethe, Emil Coué* oder *Norman Vincent Peale* und *Oskar Schellbach,* um nur einige zu nennen.

Aus diesen Erkenntnissen der großen Persönlichkeiten unserer Geistesgeschichte haben sich im Laufe der Jahre vierzehn Axiome einer „Philosophie des Erfolgs“ herauskristallisiert. Diese *„Grundgesetze der Lebensentfaltung“* bestätigen sich im Alltag und in meinen Seminaren immer wieder aufs neue, und deshalb möchte ich sie auch in diesem Buch den „Erfolgsprinzipien der Optimisten“ voranstellen.

Lernen Sie die Grundgesetze der Lebensentfaltung auswendig!

Lesen Sie sich die vierzehn „Grundgesetze der Lebensentfaltung“ konzentriert durch, und lernen Sie sie nach und nach auswendig. Erst wenn Sie die Grundgesetze aus dem Effeff beherrschen, sind sie Ihr geistiges Eigentum und können ihre Wirkung in Ihrem Unterbewußtsein entfalten. Ich werde im Laufe des Buches immer wieder auf einzelne Gesetze verweisen und sie dann genauer erläutern.

Die Grundgesetze der Lebensentfaltung

1. **Nur der Mensch hat die Kraft, bewußt zu denken, zu planen und zu gestalten. Nur er kann sich selbst und damit sein Schicksal und seine Zukunft gezielt beeinflussen.**

2. **Am Anfang jeder Tat steht die Idee. Nur was gedacht wurde, existiert.**

3. **Gedanken entwickeln sich im Unterbewußtsein, aus dem Menschen selbst oder durch äußere Einflüsse.**

4. **Das Unterbewußtsein – die Baustelle des Lebens und der Arbeitsraum der Seele – hat die Tendenz, jeden Gedanken zu realisieren.**

5. **Aus dem kleinsten Gedankenfunken kann ein leuchtendes Feuer werden.**

6. **Was wachsen soll, braucht Nahrung. Die Nahrung der Gedanken ist die Konzentration.**

7. **Bewußte oder unbewußte Konzentration ist Verdichtung von Lebensenergie.**

8. **Im Streit zwischen Gefühl und Intellekt siegt immer das Gefühl.**

9. **Gefühle lenken und verstärken die Konzentration unbewußt, aber nachdrücklich.**

10. **Durch eine gezielte Entscheidung kann die Aufmerksamkeit auf jeden ausgewählten Punkt gelenkt werden.**

11. **Beachtung bringt Verstärkung. Nichtbeachtung bringt Befreiung.**

12. **Zustimmung aktiviert Kräfte. Ablehnung vernichtet Lebenskraft.**

13. **Die ständige Wiederholung einer Idee wird erst zum Glauben, dann zur Überzeugung – auch in negativer Hinsicht.**

14. **Glaube führt zur Tat. Konzentration führt zum Erfolg. Wiederholung führt zur Meisterschaft.**

Wünschen – Planen – Wagen – Siegen

Die vier entscheidenden Schritte auf dem Weg zum Erfolg

Dies sind die zentralen Inhalte der folgenden Kapitel. Hinter diesen Begriffen verbergen sich die vier großen und entscheidenden Schritte, die Sie immer wieder gehen müssen, um Erfolg zu haben – sei es im privaten oder beruflichen Bereich, sei es, um ein kurzfristiges Projekt durchzuführen oder um die nächsten zehn Jahre Ihres Lebens glücklich und zufrieden zu sein.

Wünschen:

Der Wunsch ist das Ziel

Jeder Tat, die Sie ausführen, und jedem Ziel, das Sie erreichen wollen, geht ein Gedanke, bestenfalls ein inniger Wunsch voraus. Doch das richtige Wünschen will gelernt sein: Ein selbstbewußter Mensch kennt seine Wünsche und bekennt sich zu ihnen. Ein Optimist spricht nicht von seinen Problemen oder Befürchtungen, sondern er orientiert sich an seinen Zielen und Träumen; er steht offen zu seinen Wünschen. Es ist also wichtig, daß aus Ihren Wünschen Ziele werden, die in Ihnen die Kraft zu ihrer Erfüllung wecken. Dies ist der erste Schritt auf dem Weg zum Erfolg.

Planen:

Was werden Sie konkret tun?

Der zweite Schritt heißt „Planen“: „Wer?“ – „Wie?“ – „Was?“ – „Wo?“ – „Wann?“ – „Warum?“ Was können und sollten Sie konkret tun, um Ihr Ziel zu erreichen, was wollen Sie tun, was *werden* Sie tun? Ein Mensch, der weiß, was er will, hat genaue Visionen von der Zukunft. Wer dagegen orientierungslos ist, tritt auf der Stelle, läuft im Kreis oder strauchelt. Planen Sie Ihren Erfolg – wir zeigen Ihnen, wie.

Wagen:

Wagen und gewinnen

Als Nächstes brauchen Sie den Mut, die Begeisterung und die Zuversicht, um diese Pläne auch in die Tat umzusetzen, Schritt für Schritt vorwärtszugehen und Ihrem Ziel immer näher zu kommen. Sie brauchen Vertrauen in sich selbst, in die eigenen Kräfte und in die Zukunft! „Wer wagt, gewinnt!“ In dem Moment, in dem Sie aktiv werden und handeln, gestalten Sie Ihr Schicksal und Ihre Zukunft selbst!

Siegen:

Die Nummer I werden und bleiben

Eine Sache beginnen kann jeder – doch erst durch kontinuierliches Engagement wird man zum Meister, zum Sieger. Denn Erfolg ist kein statischer Zustand, sondern ein dynamischer Prozeß. Die Nummer 1 zu werden – und zu bleiben – erfordert großen Einsatz. Dies ist nicht zum Nulltarif zu haben. Aber wer seine Ziele liebt, wird seinem Weg treu bleiben – und siegen.

Kapitel I: Wünschen

„Leben ist die sich permanent bietende Gelegenheit, zu werden, wer man noch nicht ist, aber sein möchte, könnte und sollte."

Elisabeth Lukas

Aller Anfang ist ... ein Gedanke

Was immer auf dieser Welt an Ideen, Plänen und Wünschen existiert, es ist aus einem Gedanken heraus entstanden. Das gilt genauso für die positive wie für die negative Seite: Unsere Gedanken schaffen unsere Realität; bevor sich etwas ereignen kann, muß es erst einmal im Kopf entstehen.

Dies besagt auch das *zweite Grundgesetz* der Lebensentfaltung:

Am Anfang jeder Tat steht die Idee. Nur was gedacht wurde, existiert.

Und im *dritten Grundgesetz* heißt es:

Gedanken entwickeln sich im Unterbewußtsein, aus dem Menschen selbst oder durch äußere Einflüsse.

Gedanken sind Kräfte

So ist alles im Menschen selbst begründet: Das Potential für die Zukunft liegt im Kopf; unsere Gedanken sind unsere größten Kräfte. Deshalb sollten wir auch sorgsam mit ihnen umgehen; positive Gedanken formen eine positive Zukunft – und umgekehrt. Das Schicksal wird durch zwei Kräfte gesteuert: durch unsere Wünsche oder durch unsere Befürchtungen. Es liegt an uns, welchen Gedanken wir die Oberhand lassen! Wenn wir uns in unseren Gedanken glücklich fühlen, werden wir es auch sein; haben wir dagegen die Vorstellung von Leid oder Schmerzen, dann werden wir sie recht schnell auch empfinden.

Festgefahrene Gedankenmuster

Sicher kennen Sie das Prinzip der sich selbst verwirklichenden Prophezeiungen – es erstreckt sich ebenfalls auf positive wie auf negative Überzeugungen. Aber ist Ihnen auch bewußt, wie oft Sie dieses Prinzip im Laufe eines Tages anwenden? Wie viele standardisierte Überzeugungen haben sich in unser Denken eingeschlichen, die wir als solche gar nicht mehr wahrnehmen, geschweige denn, daß wir sie in Frage stellen? Überprüfen Sie einmal, ob Ihnen die folgenden Gedankenmuster bekannt vorkommen:

- „Das geht wieder schief!“
- „Wenn ich nur mehr Zeit hätte... (dann könnte ich das noch tun).“
- „Das paßt mir gut!“
- „Das kann er/sie sowieso besser als ich.“
- „Das schaffe ich schon!“
- „Das schaffe ich nie!“

und so weiter. Haben Sie sich wiedererkannt?

Training:

Beobachten Sie in nächster Zeit einmal Ihre Gedanken und notieren Sie, welche standardisierten Überzeugungen Sie bei sich selbst entdecken:

Im *vierten Grundgesetz* der Lebensentfaltung heißt es:

Das Unterbewußtsein – die Baustelle des Lebens und der Arbeitsraum der Seele – hat die Tendenz, jeden Gedanken zu realisieren.

Schubkraft für unsere Wünsche

Deshalb ist es enorm wichtig, daß wir mit unseren Gedanken sorgsam umgehen: Gedanken sind starke Kräfte, die wir gezielt für unser Glück und unser Wohlbefinden einsetzen können! Wenn wir täglich an die Erfüllung unserer Wünsche, an unsere Ziele und an unseren Erfolg denken, geben wir diesen Zielen eine enorme Schubkraft. Umgekehrt sollten wir negative, lähmende Überzeugungen möglichst schnell durch positive, optimistische Gedanken ersetzen. Das kann für unsere oben angeführten Beispiele so aussehen:

- „Das geht ja doch wieder schief!" heißt dann „Diesmal wird es klappen."
- „Wenn ich nur mehr Zeit hätte ..." wird ersetzt durch „Ich teile mir die Zeit ein, so gut es geht."
- „Das paßt mir gut!" ist eine positive Einstellung.
- „Das kann er/sie sowieso besser als ich" wird zu „Ich werde mein Bestes tun."
- „Das schaffe ich schon!" wird beibehalten.
- „Das schaffe ich nie!" ersetzen wir durch „Ich versuche es einfach, es wird schon klappen."

Training:

Haben Sie bei der letzten Trainingsaufgabe auch negative Glaubenssätze gefunden? Dann ist es an der Zeit, daß Sie diese umformulieren in positive Suggestionen: Finden Sie neue, optimistische Glaubenssätze anstelle der alten, pessimistischen Gedanken!

Diese optimistischen Aussagen sollen zu Realitäten werden. Sie beschreiben Ihre gewünschte Einstellung („Diesmal wird es klappen."). Indem Sie von Ihren Wünschen sprechen, nutzen Sie die Macht der Gedanken, die Macht der sich selbsterfüllenden Prophezeiung! Das gilt für die kleinen Wünsche genauso wie für die großen, für die Beförderung genauso wie für den Hausbau.

Wünsche aus der Phantasie

Welche Wünsche haben wir denn überhaupt in unserem Leben? Der älteste Wunsch der Welt ist der Wunsch nach Glück. Kinder haben noch jede Menge Wünsche, und sie unterscheiden nicht nach den Kriterien „wichtig" oder „unwichtig", „möglich" oder „unmöglich", „materiell" oder „ideell". Sie setzen Ihre ganze Phantasie ein und wünschen einfach drauflos. Das läßt sich besonders gut beobachten, wenn ein Kind seinen Weihnachtswunschzettel schreibt. Als meine Tochter in der ersten Klasse war, tauchten da zum Beispiel die folgenden Wünsche auf:

- Ein neues Schulmäppchen mit Zauber–Farbstiften.
- Daß ich keine Alpträume mehr habe.
- Ein kleiner Hund zum Schmusen oder eine Katze oder am liebsten beides.
- Daß die Haare schneller wachsen.
- Daß ich im nächsten Fußballturnier zwei Tore schieße.
- Daß die Oma vier Wochen zu Besuch kommt und jeden Tag Pfannkuchen macht.
- Ein eigenes Segelboot.

Wünsche bedeuten inneren Reichtum

Natürlich war ihr auch klar, daß diese Wünsche nicht alle auf einmal in Erfüllung gehen würden – aber sie hatte Spaß daran, zu sehen, was sie sich alles wünschen *konnte*. Genauso wie die Kinder können auch wir Erwachsenen uns am inneren Reichtum unserer Wünsche erfreuen und begeistern.

Wünsche motivieren uns

Jeder Wunsch ist ein Gedanke. In jedem Menschen liegt die dynamische Kraft zum Leben und Wachsen tief verwurzelt, alle Möglichkeiten liegen in uns. Daher liegt auch in jedem Wunsch die Kraft zur Erfüllung – wir sprechen von der Wunschkraft. Ein Wunsch verleiht deutlich spürbare Energie: Ein Wunsch motiviert und drängt darauf, Realität zu werden. In jedem Wunsch liegt bereits der Same verborgen, der eines Tages die Verwirklichung hervorbringt. Und alle Wünsche sind wichtig, die realistischen genauso wie die utopischen. Blicken Sie in sich, suchen Sie nach Ihren Wünschen; bekennen Sie sich zu Wünschen, und wagen Sie, auch große Wünsche zu haben!

Kennen Sie Ihre eigenen Wünsche?

Training:

Nehmen Sie sich ein Woche lang jeden Tag eine Viertelstunde Zeit, und notieren Sie alle Wünsche, die Ihnen einfallen. Es geht dabei nicht darum, ob oder wann sie sich verwirklichen lassen; wichtig ist einzig und allein, was Sie sich im Moment wünschen. Schieben Sie alle gesellschaftlichen Normen beiseite, lassen Sie Ihrer Phantasie einfach freien Lauf.

**Wünsche weisen uns den Weg.
Was wir uns wünschen, das können wir auch erreichen.**

Ihre Wünsche sind Ihr innerer Reichtum; in ihnen liegt die Kraft und Energie für Ihre Zukunft verborgen! Es gibt nichts Persönlicheres als die Wünsche eines Menschen. Jeder Wunsch, der Ihnen bewußt wird, hat das Bestreben, die Möglichkeiten seiner Verwirklichung selbst zu schaffen, und erhält dabei große Unterstützung durch das Unterbewußtsein.

Wenn wir uns etwas wirklich wünschen, dann glauben wir auch daran, daß wir diesen Wunsch eines Tages in die Realität umsetzen können – und so entsteht eine Kraft in uns, die Berge versetzen kann. Wie Sie aus Ihren Wünschen richtige Ziele machen, zeigen wir Ihnen im nächsten Kapitel.

Die „Drei Diamanten“:

- Gedanken sind Kräfte.
- Was der Mensch sich wünschen kann, das kann er auch erreichen.
- Wünsche sind der innere Reichtum des Menschen.

Aus Wünschen werden Ziele

Welches sind unsere eigenen Wünsche?

Es gibt die unterschiedlichsten Wünsche. Da fallen uns wichtige und unwichtige Wünsche ein, wertvolle und wertlose, berufliche und private, egoistische und altruistische, Wünsche nach Glück, Reichtum, Anerkennung,

Liebe, Geborgenheit und so weiter. Wichtig ist es, zu erkennen, welches wirklich unsere eigenen Wünsche sind. Oftmals wissen wir besser, was unsere Mitmenschen wollen, die Partner oder Kinder, die Kollegen, Nachbarn, Freunde. Doch nur wer genau weiß, was *er selber* will, entwickelt sich von einer Person zu einer Persönlichkeit. Nur wer wirklich eigene Ziele hat, wird auch den Willen aufbringen, an der Erfüllung dieser Ziele zu arbeiten. Ohne eine gewisse Willenskraft kann der Mensch nichts erreichen: *„Den Menschen macht sein Wille groß und klein“*, sagte Schiller zutreffend.

Wünsche zeigen das Ziel an

Es gibt kein Glück im Leben ohne die Erfüllung unserer persönlichen Wünsche. Wünsche richten Ihren Verhaltenskompaß aus, sie zeigen das Ziel an und steuern unbewußt darauf zu. Die persönlichen Wunschvorstellungen in Ihrem Kopf sind Ihr kostbarster Besitz, sie stellen Ihr Kapital für die Zukunft dar! Jeder Mensch braucht Wünsche und Ziele, immer wieder aufs neue, das ganze Leben hindurch.

Im *elften Grundgesetz* heißt es:

Beachtung bringt Verstärkung. Nichtbeachtung bringt Befreiung.

Deshalb beachten Sie Ihre Wünsche, immer wieder. Wünsche, die Verstärkung erfahren, werden zu optimistischen Zielen!

Sie haben bereits eine Liste Ihrer Wünsche aufgestellt. Sehen Sie sich diese Liste nun noch einmal an.

Training:

Ordnen Sie Ihre Wünsche nach den folgenden Bereichen:

Berufliche Wünsche:

Private Wünsche:

Gesundheitliche Wünsche:

Kulturelle Wünsche (Hobby, Freizeit):

Freundschafts-Wünsche:

Im zweiten Schritt sollten Sie die wichtigen von den unwichtigen Wünschen unterscheiden, denn wenn Sie zu viele Wünsche auf einmal verfolgen, werden Sie keinen erreichen.

Konzentration auf das Wesentliche

Willenskraft ist Wunschkonzentration, Willensschwäche ist Wunschzersplitterung. Je weniger Wünsche Sie zur gleichen Zeit anstreben, um so größer ist die Chance einer Realisierung. Also legen Sie sich fest, entscheiden Sie, welche Wünsche für Sie wirklich wichtig sind! Schon durch die Konzentration auf das Wesentliche werden Ihre Wünsche und Ihre Umsetzungskräfte verstärkt.

William Pitt sagt: *„Wenn ich so viele Dinge erreicht habe, so liegt das daran, daß ich immer nur eine Sache zur gleichen Zeit wollte."*

Konzentrieren Sie die Kraft Ihrer Gedanken auf einige wenige, aber bedeutende Wünsche. Dann tritt automatisch das Grundgesetz des Optimismus ein, das besagt:

Aus dem kleinsten Gedankenfunken kann ein leuchtendes Feuer werden.

Training:

Wählen Sie nun aus jedem der oben angegebenen Lebensbereiche Ihren wichtigsten Wunsch aus:

Beruflich:

Privat:

Gesundheitlich:

Kulturell:

Freundschaftlich:

Beantworten Sie in Gedanken zu jedem dieser Wünsche die folgenden Fragen:

Wie sieht mein Leben aus, wenn ich diesen Wunsch verwirklicht habe?

Welchen Einsatz muß ich bringen, um mir diesen Wunsch zu erfüllen?

Wie profitiere ich, wie profitieren die anderen davon, wenn dieser Wunsch in Erfüllung geht?

Gibt es einen Zusammenhang zu anderen Wünschen auf meiner Liste?

Was spräche eventuell dagegen, diesen Wunsch zu verwirklichen?

Kann dieser Wunsch mir oder anderen schaden?

Was muß ich konkret tun, um diesen Wunsch Wirklichkeit werden zu lassen?

Lassen Sie Ihren Wunsch Gestalt annehmen!

Je klarer und konkreter der einzelne Wunsch durch die Beantwortung dieser Fragen Gestalt annimmt, um so mehr wächst auch Ihr Optimismus, Ihr Glaube, daß es Ihnen gelingen wird, diesen Wunsch eines Tages zu realisieren – der Wunsch wird zum Ziel! Dieses Ziel ist tief in Ihrem Inneren entstanden, und es ist Ihr eigenes Ziel. Die Menschen in Ihrer Umgebung, Eltern, Freunde, Kinder oder Nachbarn, können mit Ihnen diskutieren oder Ihnen gutgemeinte Ratschläge geben – die wesentlichen Wünsche und Ziele aber müssen aus Ihrem eigenen Herzen kommen.

„Wenn Du wirklich etwas willst, werden alle Märchen wahr.“

Theodor Herzl

Jeder ist seines Glückes Schmied

Mit dem Feuer der Gedankenkraft, die Sie Ihren Zielen regelmäßig widmen, können Sie Berge versetzen. Gedanken sind dann die stärksten Kräfte, wenn sie auf persönliche Ziele gerichtet sind – wir können nicht ein Ziel einer anderen Person anstreben oder die Realisierung unserer Wünsche an einen Freund delegieren. *„Jeder ist seines Glückes Schmied"*, sagt der Volksmund, und damit hat er vollkommen recht!

Die „Drei Diamanten":

- Wünsche weisen uns den Weg – stehen Sie zu Ihren Wünschen.
- Klar und konkret formulierte Wünsche werden zu Zielen.
- „Wenn Du wirklich etwas willst, werden alle Märchen wahr."

Große Persönlichkeiten haben große Träume

Wann sind Ziele wertvoll?

Optimisten brauchen konkrete, bedeutende Ziele. Ohne ein Ziel wird alles, was ein Optimist sagt oder denkt, zur leeren Phrase; er tritt auf der Stelle. Wertvolle Ziele führen zum angestrebten Erfolg im Leben. Woran erkennen Sie nun, ob ein Ziel auch wertvoll genug ist, um es zu verfolgen? Solche Ziele müssen zwei Bedingungen erfüllen:

1. Sie sollen der Entfaltung der eigenen Persönlichkeit dienen und
2. gleichzeitig eine Leistung, einen Nutzen für die Gemeinschaft bieten.

Optimisten sind beharrlich und kreativ

Laut einer Untersuchung am *Max-Planck-Institut für Bildungsforschung* in Berlin *„... verfolgen Optimisten ihre Ziele beharrlicher, zeigen mehr Einfallsreichtum bei der*

Bewältigung von Problemen und lassen sich selten entmutigen.“

(Welt am Sonntag. Zitiert nach: Der erfolgreiche Weg 10/1996; S. 34)

Mehr Widerstandskraft bei Mißerfolgen

In bezug auf Träume, Ziele und Zukunftsgestaltung ergab sich, daß die untersuchten Optimisten eine positive und produktive Variante des Zukunftsdenkens praktizierten. Diese produktive Variante äußert sich in der optimistischen Erwartung, im festen Glauben daran, daß alles gut läuft und daß sie die Fähigkeiten besitzen, alle Entwicklungen, auch die unguten, zum Besseren zu wenden. Dieser Glaube motiviert zum Handeln und verleiht dem einzelnen Widerstandskraft gegenüber kleinen Mißerfolgen, die zwangsläufig ab und zu auftreten.

Eine andere Untersuchung befaßte sich mit Studenten, die sich verliebt hatten; sie wurden befragt, welche Chancen sie sich bei ihrem Wunschpartner ausrechneten. Nach ein paar Monaten wurde dann überprüft, ob sich ihre Erwartungen in der Zwischenzeit erfüllt hatten:

Mehr Chancen in der Liebe

„Bei Studenten, die optimistische Erwartungen gehabt hatten, war die Wahrscheinlichkeit größer als bei denen mit negativen Erwartungen, daß sie bei der geliebten Person ‚ankamen‘. Im Gegensatz dazu hatten Studenten mit schwärmerischen Phantasien über sich und die Person, in die sie sich verliebt hatten, seltener Erfolg als diejenigen mit unangenehmen Phantasien.“

(ebenda)

Statt Illusionen Glaube an die eigenen Fähigkeiten

Nur wer einen Wunsch hat, kann sich fragen, ob er noch wertvollere Wünsche hat. Nur wer ein Ziel hat, kann nach einem konkreten Weg suchen. Wir haben oben gesehen, daß die Identifizierung mit den persönlichen Zielen eine wichtige Voraussetzung für ihre Realisierung ist. Nun kommt noch etwas Wichtiges hinzu, nämlich der Glaube an die eigenen Fähigkeiten. Ein Mensch mit einer optimistischen Lebenseinstellung weiß, daß er in sich ruht und über die nötigen Fähigkeiten verfügt, seine Wünsche umzusetzen und seine Ziele zu erreichen. Er hat es nicht nötig, sich in oberflächliche Illusionen zu stürzen. Im *vierzehnten Grundgesetz* heißt es unter anderem:

Glaube führt zur Tat.

Wer selbstbewußt ist, handelt

Wer an sich selbst glaubt, wird nicht tatenlos zusehen und weiter von der Erfüllung seiner Wünsche träumen, sondern er wird sich mit seinem ganzen Optimismus dafür engagieren, den selbstgesteckten Zielen auch wirklich näher zu kommen. Und das Erreichen eines wertvollen Ziels ist immer auch ein Stück weiter auf dem Weg zur Entwicklung der eigenen Persönlichkeit. Ein selbstbewußter Mensch kennt seine Wünsche und Ziele; er bekennt sich zu ihnen – und er unternimmt die nötigen Schritte zu ihrer Verwirklichung!

Ein Traum – ein Ziel

So hatte auch die Französin *Florence Arthaud* ein großes Ziel vor Augen: Einmal eine Transatlantik-Regatta zu gewinnen! In ihrer Familie hatte die Liebe zur See Tradition; berühmte Segler gingen in ihrem Elternhaus ein und aus, und schon bald war sie völlig davon fasziniert, über den Atlantik zu segeln.

Mit 17 Jahren hatte sie einen schweren Autounfall, nach dem sie lange Zeit im Koma lag. Doch selbst die bleibenden Schäden an der Wirbelsäule konnten sie nicht davon abhalten, mehr Zeit auf dem Wasser zu verbringen als in den Hörsälen der Universität.

Ein neuer Rekord

Ihr größter Traum war ein Sieg in der „Route du Rhum“; und nach jahrelangen Vorbereitungen konnte sie 1990 ihren ersten eigenen Trimaran anmelden. Als Vorbereitung zu dieser berühmten Regatta fuhr sie im Juni ein Zweimann-Rennen von Plymouth nach Newport, bei dem sie mit ihrem Kollegen zusammen Dritte wurde. Auf der Rückfahrt, die sie alleine antrat, unterbot sie einen Weltrekord um 38 Stunden: Auf der Strecke vom New Yorker Hafen bis zum Kap Lizard, dem südlichsten Punkt Englands, benötigte sie nur 9 Tage, 21 Stunden und 42 Minuten.

Und ein großer Sieg

Wenig später mußte sie wegen ihrer Wirbelschäden einen Stützkragen tragen und ihr Training einstellen, doch von Aufgeben wollte sie nichts wissen: Zu lange hatte sie von einem Sieg in der „Route du Rhum“ geträumt. Sie startete trotz ihrer Behinderungen und lag, obwohl sie von Anfang an mit großen technischen Schwierigkeiten zu kämpfen hatte, bald in Führung. Nach 14 Tagen, 10 Stunden und 8 Minuten war sie nicht nur die erste Frau, die eine Transatlantik-Regatta gewonnen hatte, sondern sie hatte mit dieser Zeit auch einen neuen Streckenrekord aufgestellt.

(nach einem Bericht aus Reader’s Digest Das Beste, November 1991, S. 201ff.)

Die „Drei Diamanten“:

- Wertvolle Ziele führen zur Entfaltung der Persönlichkeit.
- Optimistische Lebensgestaltung beginnt damit, daß man seine Wünsche kennt und sich zu ihnen bekennt.
- Ein selbstbewußter Mensch formt aus seinen Wünschen Ziele.

Grundlagen des erfolgreiches Wünschens

Die wichtigste Voraussetzung für das Erreichen eines Wunschziels ist der feste, optimistische Glaube an den Erfolg. Oder anders ausgedrückt: Erfolgreich zu sein ist eine ständige Herausforderung für jeden Menschen, der zuversichtlich an seine eigenen Fähigkeiten glaubt.

Der Glaube an den Erfolg ist dasselbe wie der Glaube an die eigenen Möglichkeiten und Ziele.

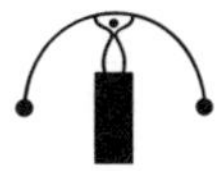

Selbsterkenntnis

So entscheidet das Bild, das wir von uns selbst haben, darüber, was wir uns zutrauen und was wir im Leben erreichen können. Die Selbsterkenntnis ist Grundlage für den Erfolg. Das Erkennen seiner Wünsche ist der praktische Weg zur Selbsterkenntnis.

Glück ist aktive Wunscherfüllung

Deshalb kann das Glück nicht aus dem Nichts entstehen. Glück entsteht aus der Erfüllung der eigenen Wünsche. Der entscheidende Faktor ist nicht das Sein, sondern das Tun, die aktive selbstgesteuerte Entwicklung vom Menschen zum Individuum, das Wachsen von der Person zur optimistischen Persönlichkeit.

Wer wagt, gewinnt

„Glück“ kommt von „gelingen“. Wer optimistisch denkt (und in der Folge auch optimistisch handelt), der wagt auch mehr, dem gelingt natürlich auch mehr – er hat mehr Glück. „Hans im Glück“ ist wohl die berühmteste Symbolfigur, die uns deutlich macht, daß Glück tatsächlich eine Frage der inneren Einstellung ist.

Wie denken Sie über Ihr Leben und vor allem über sich selbst? Voraussetzung für eine optimistische Lebenseinstellung ist ein optimistisches Selbstbild:

Der Dreh- und Angelpunkt im Leben eines erfolgreichen Menschen ist sein Selbstbewußtsein.

Talente wollen entfaltet werden

Die meisten Menschen leiden heute an falscher Bescheidenheit, sie unterschätzen ihre Fähigkeiten. Doch nur indem Sie etwas dafür tun, können Sie Ihre Talente auch wirklich zur Entfaltung bringen! Fähigkeiten wie Schreiben, Kochen, Radfahren und so weiter sind sicherlich nicht angeboren – Sie haben sie entwickelt, indem Sie sie geübt haben; Sie haben aktiv an der Ausbildung dieser Talente gearbeitet.

Und hier sind wir bei einem weiteren Grundsatz des Erfolgs:

Ein Optimist weiß, daß er alles lernen kann.

Jeder von uns kann morgen etwas tun oder sein, das er heute noch nicht kann oder ist; alles ist lernbar. Keiner wurde je als Genie geboren. Sämtliche Genialität dieser Welt entstand durch optimistische Selbsteinschätzung, Hoffnung auf Erfolg und aktive Betätigung!

Training:

Denken Sie einmal über Ihre innere Einstellung zu sich selbst nach: Ist diese eher optimistisch oder eher pessimistisch? Welche positiven Eigenschaften haben Sie? Notieren Sie zehn Eigenschaften, die Sie an sich mögen:

Negative Eigenschaften nicht beachten

Vielleicht sind Ihnen bei dieser Aufgabe auch einige Ihrer negativen Eigenschaften in den Sinn gekommen, und Sie werden sich fragen, wie Sie damit umgehen sollen. Ganz einfach: Lassen Sie sie ruhen, beachten Sie sie nicht und denken Sie nicht darüber nach. Nichtbeachtung bringt Befreiung! Je mehr Sie sich mit Ihren Stärken beschäftigen, um so mehr prägen sich diese aus. Da der Mensch zeitlebens Fehler haben wird, entscheiden im Leben allein die Stärken. Unser Leben ist zu kurz, um alle Schwächen auszumerzen.

Stärken verstärken

Was Sie jedoch tun können, ist, sich zu überlegen: „Was kann ich noch besser machen?“ Indem Sie Ihre Stärken ausbauen, kommen die Schwächen automatisch weniger zur Geltung. Auch schlechte Gewohnheiten lassen sich meist nicht erfolgreich bekämpfen – aber sie lassen sich durch gute ersetzen. Sie können Ihre Beachtung entweder auf Ihre positiven oder auf Ihre negativen Eigenschaften richten; mit der gleichen Kraft, mit der Sie Gas geben, können Sie auch bremsen. Sie haben die Freiheit der Wahl, nutzen Sie sie zu Ihrer persönlichen Weiterentwicklung!

Wer seine Stärken verstärkt, ist auf dem richtigen Weg zu Glück und Erfolg!

Sich ändern heißt nicht anders, sondern besser werden

Deshalb befreien Sie sich vom Ballast Ihrer negativen Einstellungen gegenüber sich selbst. Seien Sie ein Optimist, und betrachten Sie sich im positiven Licht Ihrer Begabungen und Ihrer Einmaligkeit. Optimisten scheuen nicht vor Veränderungen zurück, denn sich ändern heißt für sie nicht, anders zu werden, sondern besser. Wer Veränderungen vornimmt, ist nicht mehr Opfer der Umstände, sondern er wird zum „Täter", zum aktiven Gestalter seiner eigenen Zukunft. Nur der Mensch ist fähig, derart Einfluß zu nehmen und sich und seine Lebensumstände zu ändern. Erinnern Sie sich an das *erste Grundgesetz* der Lebensentfaltung?

Nur der Mensch hat die Kraft, bewußt zu denken, zu planen und zu gestalten. Nur er kann sich selbst und damit sein Schicksal und seine Zukunft gezielt beeinflussen.

Training:

Welche Ihrer positiven Eigenschaften oder Verhaltensweisen möchten Sie verstärken und optimieren?

Suchen Sie sich aus der soeben erstellten Liste eine Eigenschaft bzw. Verhaltensweise heraus (nur eine!), die Sie in den nächsten vier Wochen bewußt verstärken und verbessern werden:

Veränderung ist immer möglich

Wir gehen zwar davon aus, daß die ersten sechs Jahre im Leben eines Menschen prägend sind für den weiteren Verlauf seines Lebens, doch daraus folgt nicht der Umkehrschluß, daß danach keine Veränderungen mehr möglich sind! Sie haben zu jedem Zeitpunkt in Ihrem Leben die Möglichkeit, sich zu verändern; kein Mensch und keine äußeren Umstände können Sie davon abhalten! Sie sind dafür verantwortlich, wie Sie sich in den nächsten Jahren entwickeln. Sie sollten nicht versuchen, andere Personen zu ändern, nicht Ihren Partner, Ihre Kinder oder Ihren Chef – aber Sie können sich selbst ändern:

Nichts ändert sich, außer ich ändere mich!

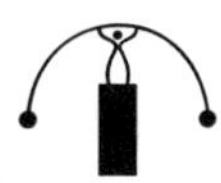

Emotionale Intelligenz

Voraussetzung dafür ist Ihr fester Entschluß, erfolgreich zu sein, und die gezielte Verstärkung Ihrer positiven Eigenschaften. Die Erkenntnis, daß grundsätzlich jeder Mensch die Möglichkeit hat, sein Verhalten zu verändern, Optimismus zu erlernen und voller Elan und Zuversicht an das Leben und seine vielfältigen Aufgaben heranzugehen, erregte in den letzten beiden Jahren große Aufmerksamkeit. In ihren Büchern *„Emotionale Intelligenz“* und *„Pessimisten küßt man nicht“* bestätigen die beiden amerikanischen Autoren *Daniel Goleman* und *Martin Seligman* anhand wissenschaftlicher

Untersuchungen, daß Erfolg zwar auch von Talent und Begabung abhängt, vor allem aber von Optimismus und von der Fähigkeit des Menschen, sein Verhalten und seine Strategie falls nötig zu ändern und den Erfordernissen anzupassen. Diese Wissenschaftler bestätigen unser Erfolgssystem.

Die „Drei Diamanten":

- Wer seine Stärken verstärkt, wird immer selbstbewußter.
- Ein Optimist weiß, daß er alles lernen kann.
- Nichts ändert sich, außer ich ändere mich.

Die Bedeutung der Konzentration

Verdichtung von Gedankenenergie

Konzentration läßt aus Wünschen Wirklichkeiten werden. Konzentration ist im Grunde nichts anderes als die Verdichtung von Gedankenenergie, das heißt, daß wir unsere Gedanken auf einen bestimmten Punkt ausrichten und uns selbst dann nicht davon ablenken lassen, wenn etwas Unerwartetes passiert. Je mehr wir unsere Gedanken auf ein bestimmtes Ziel ausrichten, unsere Energie in eine bestimmte Richtung lenken, desto schneller werden sich unsere Wünsche realisieren. Das *sechste Grundgesetz* besagt:

Was wachsen soll, braucht Nahrung. Die Nahrung der Gedanken ist die Konzentration.

Konzentration macht aus kleinen Wünschen große Ziele. Konzentration auf ein Ziel ist die Voraussetzung für jeden Erfolg. Ohne sie gibt es keine großen Leistungen.

Das war schon in der Schule so, und das gilt noch heute, für den Sport genauso wie für den Beruf und jeden beliebigen Bereich des Lebens. Hat ein Mensch zu viele Ziele auf einmal, so folgt notwendigerweise eine Zerstreuung der vorhandenen Kräfte und als Konsequenz Mißerfolg und Scheitern. Konzentration dagegen fokussiert die Energie auf einen bestimmten Punkt. Das *siebte Grundgesetz* formuliert es so:

Bewußte oder unbewußte Konzentration ist Verdichtung von Lebensenergie.

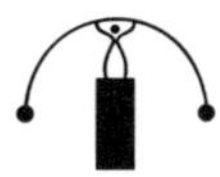

Daß mit konzentrierter Energie alles möglich ist, umschreibt *Aristoteles* mit einer Metapher: *„Gebt mir einen Punkt, und ich werde die Welt aus den Angeln heben."*

Konzentration auf die eigenen Stärken

Nun läßt sich das Prinzip der Konzentration nicht nur auf äußere Ziele und Wünsche anwenden, sondern gleichermaßen auch auf Veränderungswünsche hinsichtlich der eigenen Person. Statt zu versuchen, all Ihre negativen Eigenschaften zu verändern, sollten Sie sich darauf konzentrieren, Ihre Stärken zu verstärken. So wird sich Ihr ganzes Wesen positiv entfalten. *„Wer einen Stein ins Wasser wirft, verändert das Meer"*, sagt *Paul Mommertz*.

Training:

Konzentrieren Sie sich in den nächsten Tagen auf den wichtigsten Ihrer im vorherigen Abschnitt aufgelisteten Veränderungswünsche. Halten Sie eine Woche lang täglich in kurzen Stichpunkten fest, welche Schritte Sie unternommen haben, um diese Veränderung zu bewirken, und welche Ergebnisse Sie feststellen konnten.

1. Tag:

2. Tag:

3. Tag:

4. Tag:

5. Tag:

6. Tag:

7. Tag:

Nun besagt unser *zehntes Grundgesetz:*

Durch eine gezielte Entscheidung kann die Aufmerksamkeit auf jeden ausgewählten Punkt gelenkt werden.

Die Freiheit der Entscheidung

Durch Ihre Konzentration wird der ausgewählte Punkt wie mit einem Scheinwerfer angestrahlt. Um welchen Punkt es sich handelt, das haben Sie selbst entschieden! Diese Wahlmöglichkeit macht Ihre Freiheit im Leben aus: Sie verfolgen in erster Linie die Ziele, die Sie selbst aussuchen, und nicht diejenigen, die Ihnen von außen angetragen werden.

Liebe und Begeisterung gehören dazu

Dies impliziert gleichzeitig eine gewisse Begeisterung, eine Liebe zu diesen Zielen. Was wir lieben, das beachten wir; und Beachtung ist nichts anderes als Konzentration. Die Liebe zu Ihren Zielen und die damit einhergehende Konzentration sind die maßgeblichen Faktoren, die darüber entscheiden, daß Sie diese Ziele auch erreichen. Liebe bedeutet Energie. Wer liebt, hat so viel

Energie, daß er überall neue, faszinierende Möglichkeiten entdeckt. Erinnern Sie sich daran, wie Sie sich verhalten und gefühlt haben, als Sie das erste Mal bis über beide Ohren verliebt waren. Wie war das damals? Mußten Sie sich da etwa anstrengen, um an den geliebten Partner zu denken? Sicherlich nicht – eher im Gegenteil: Sie hatten ein Gefühl, als könnten Sie Bäume ausreißen, waren voller Elan und Lebenslust. Sie hatten den Punkt gefunden, an dem *Aristoteles* „die Welt aus den Angeln heben" wollte. Die intensive Liebe zu einer Person oder auch zu einem Ziel setzt grenzenlose Kräfte frei oder – wie es in dem wunderschönen Satz von *Ricarda Huch* heißt –: *„Liebe ist das einzige, das wächst, wenn wir es verschwenden."*

Wer liebt, verfügt über Optimismus und Mut im Überfluß.

Starke Gefühle maximieren die Konzentration

Je größer diese Liebe und die Begeisterung sind, um so weniger Kraft müssen Sie aufbringen, um Ihr Ziel zu erreichen. Ihre Gedanken richten sich von alleine auf den wichtigsten Aspekt, und eine solche fast unbewußte Konzentration kostet Sie kaum Energie. Ähnlich ist es mit den Dingen, die Sie hassen: Ihre Gedanken befassen sich fast automatisch mit diesen Themen. Wenn Ihnen dagegen eine Angelegenheit gleichgültig ist, müssen Sie sich sehr anstrengen, um sich darauf zu konzentrieren. Das besagt auch unser *neuntes Grundgesetz:*

Gefühle lenken und verstärken die Konzentration unbewußt, aber nachdrücklich.

Um nun diese Konzentration auf die positiven, erfolgversprechenden Ziele zu erreichen, ist es unumgänglich, die Einflüsse, denen Sie permanent ausgesetzt sind, einmal gründlich zu überprüfen. Das betrifft zum Beispiel die folgenden Aspekte Ihres Lebens:

Die eigenen Gedanken zählen

Gedanken: Übernehmen Sie keine Meinungen von pessimistischen Menschen, sondern vertrauen Sie Ihren eigenen positiven Gedanken! Nur dann stoßen Sie auf eigene Wünsche und Ziele, und nur dann entwickelt sich die zur Realisierung nötige Liebe und Konzentration.

Umgeben Sie sich mit Optimisten

Personen: Ebenso sollten Sie darauf achten, mit welchen Personen Sie sich umgeben: Es gibt die Optimisten, die auf Sie einen positiven Einfluß ausüben, es gibt aber auch Pessimisten, die Ihnen Ihre Motivation und Energie rauben. Lassen Sie sich nicht von solchen Menschen negativ beeinflussen!

Einfluß der Medien

Sonstige Faktoren: Maßgeblich für Ihre innere Stimmung sind zum Beispiel auch die Bücher, die Sie lesen, oder die Sendungen, die Sie sich im Fernsehen anschauen. Wenn Sie sich nur mit Schreckensmeldungen, schlechten Filmen und oberflächlicher Unterhaltungsliteratur abgeben, vergeuden Sie Ihre Zeit – und Ihre Talente. Wenn Sie sich dagegen um die Erweiterung Ihres Wissens und Ihrer Fähigkeiten bemühen, können Sie schon morgen etwas sein oder tun, das Ihnen heute noch nicht möglich ist!

Training:

Denken Sie über Ihre Alltagsgewohnheiten nach: Gibt es spezielle Einflüsse, die Ihnen unnötig Energie rauben? Und gibt es auf der anderen Seite Beschäftigungen und Einflüsse, die Sie lieben und die Sie aus diesem Grunde so gut wie keine Kraft kosten?

Können Sie die „Energieräuber“ durch positive Einflüsse ersetzen – oder Ihre innere Einstellung zu ihnen ändern?

„Energieräuber“	positive Alternative

**Liebe ist also die Hauptursache für Erfolg.
Liebe ist positives, optimistisches Denken in Reinkultur.**

Liebe weckt das Kräftepotential und setzt Energien frei. Wer sich in seine Ziele verlieben kann, hat sie schon so gut wie erreicht.

Die „Drei Diamanten“:

- Konzentration ist Verdichtung von Gedankenenergie.
- „Wer einen Stein ins Wasser wirft, verändert das Meer.“
- Liebe ist positives, optimistisches Denken in Reinkultur. Liebe ist die Hauptursache für Erfolg.

Test: Was für ein Selbstbild haben Sie?

Eine erfolgreiche, sympathische und optimistische Persönlichkeit verfügt über eine Reihe von wichtigen Fähigkeiten, mit deren Hilfe sie immer wieder einen Schritt weiterkommt im Leben. All diese Fähigkeiten tragen in der Summe dazu bei, daß Konzentration gelingt, Entscheidung stattfindet und aus Wünschen erreichbare Ziele werden.

Wichtige Fähigkeiten für den Erfolg

Wie sieht es nun mit Ihrem Selbstbild aus? Was trauen Sie sich zu? Was gelingt Ihnen, wie schaffen Sie sich Ihr Glück? Testen Sie anhand der folgenden Liste, inwieweit die aufgezählten Fähigkeiten bei Ihnen bereits vorhanden sind und welche der gewünschten Eigenschaften noch etwas Unterstützung brauchen. Lesen Sie sich die Begriffe aufmerksam durch, und kreuzen Sie jeweils das passende Kästchen an:

	ausgeprägt	mäßig	gering
Aufmerksamkeit	○	○	○
Ausdauer	○	○	○
Begeisterungsfähigkeit	○	○	○
Belastbarkeit	○	○	○
Charisma	○	○	○
Charme	○	○	○
Diplomatie	○	○	○
Disziplin	○	○	○
Durchsetzungsvermögen	○	○	○
Dynamik	○	○	○
Einfühlungsvermögen	○	○	○
Entschlußkraft	○	○	○

Freundlichkeit	○	○	○
Gelassenheit	○	○	○
Humor	○	○	○
Initiative	○	○	○
Intelligenz	○	○	○
Konzentrationsfähigkeit	○	○	○
Kreativität	○	○	○
Lebensfreude	○	○	○
Loyalität	○	○	○
Menschenkenntnis	○	○	○
Mut	○	○	○
Redegewandtheit	○	○	○
Rückgrat	○	○	○
Ruhe	○	○	○
Selbstbewußtsein	○	○	○
Toleranz	○	○	○
Überzeugungskraft	○	○	○
Verantwortungsbewußtsein	○	○	○
Vertrauen	○	○	○
Vitalität	○	○	○
Willenskraft	○	○	○
Zielstrebigkeit	○	○	○
Zuverlässigkeit	○	○	○
Ich bin überzeugt von meinen Fähigkeiten	○	○	○
Ich glaube an meine Ziele	○	○	○
Ich glaube an meinen Erfolg	○	○	○
Ich lege Wert auf gepflegte Kleidung	○	○	○
Ich strahle Autorität aus	○	○	○

Auswertung:

Zählen Sie nun die Anzahl der Kreuzchen in den einzelnen Spalten zusammen.

Wenn Sie insgesamt mehr als 30mal „ausgeprägt" angekreuzt haben, verfügen Sie über ein gesundes Selbstbewußtsein. Sie kennen Ihre Stärken und wissen sie gekonnt einzusetzen. Verfolgen Sie wie gewohnt Ihre Wünsche und Ziele mit viel Liebe, Optimismus und Konzentration. Achten Sie dabei in nächster Zeit auf Ihre stärksten Eigenschaften, und versuchen Sie, diese noch ein wenig zu verstärken.

Haben Sie dagegen mehr als 30 Kreuze in den Rubriken „mäßig" und „gering", dann sollten Sie sich zunächst auf die Fähigkeiten konzentrieren, über die Sie „ausgeprägt" verfügen: Stärken Sie Ihre ausgeprägteste Stärke. Nach einigen Wochen können Sie sich auf eine weitere Stärke konzentrieren usw. Ihre Schwächen reduzieren sich dann nach und nach von alleine.

Sind Ihre Kreuzchen gleichmäßig über die drei Rubriken verteilt, dann entspricht Ihr Selbstbild dem Durchschnitt. Doch Sie wollen sich ja aus der Masse hervorheben, wollen eine Persönlichkeit werden. Deshalb sollten Sie an Ihren Eigenschaften arbeiten: Stärken Sie Ihre Stärken, aber konzentrieren Sie sich immer weniger auf Ihre ausgeprägten Schwächen. Dann werden Sie optimistisch, zielstrebig und voller Vertrauen auf Ihre Fähigkeiten Ihre Wünsche in die Wirklichkeit umsetzen.

Kapitel 2: Planen

„Ein Augenblick der Geduld kann vor großem Unheil bewahren, ein Augenblick der Ungeduld ein ganzes Leben zerstören.“

Chinesische Weisheit

Optimismus gehört dazu!

Halb so schlimm oder doppelt so gut

„Ein Optimist ist ein Mensch, der alles halb so schlimm oder doppelt so gut findet.“ Diese Definition stammt von dem berühmten Schauspieler *Heinz Rühmann,* der durch seine herzliche und humorvolle Art schon viele Menschen zum Lachen gebracht hat. Wer fröhlich und zuversichtlich durchs Leben geht, weckt auch bei anderen Menschen Hoffnung und Optimismus. Ein solcher Mensch spricht nicht von Problemen oder Ängsten, von Schwierigkeiten und Hindernissen, sondern er spricht von seinen Hoffnungen, Träumen und Wünschen, von seinen Zielen und von seinem Weg dorthin.

Wer jeden Tag fröhlich, optimistisch und voller Zuversicht beginnt, der ist ein Meister der Lebenskunst.

Mit guter Laune in den Tag

Sie möchten jeden Tag mit guter Laune beginnen? Wir bieten Ihnen eine einfache Methode, um morgens frohgelaunt und voller Optimismus anzufangen. Sagen

Sie sich gleich beim Aufwachen einen der folgenden Sätze:

„Ein positiver Tag beginnt."
„Dieser Tag hält unendlich viele Chancen für mich bereit."
„Heute beginnt meine erfolgreiche Zukunft."
„Heute beginnt ein neuer, noch schönerer Lebensabschnitt."
„Heute ist ein schöner Tag. Ich freue mich, daß ich lebe."

Wiederholen Sie diesen Satz noch ein paarmal, während Sie aufstehen und sich anziehen. Vielleicht wird es Ihnen in den ersten paar Tagen seltsam vorkommen, oder Sie vergessen es schlichtweg. Doch im Laufe der Zeit wird es Ihnen zur lieben Gewohnheit werden, jeden Morgen mit dieser optimistischen Einstellung zu beginnen.

Optimisten bleiben gesünder

Es ist erwiesen, daß sich Optimismus positiv auf den Gesundheitszustand eines Menschen auswirkt: Optimisten werden seltener von ansteckenden Krankheiten befallen als Pessimisten. Eine Bestätigung dafür finden wir auch bei *Daniel Goleman:*

„Der Pessimismus ist (...) mit gesundheitlichen Kosten verbunden – und der Optimismus mit entsprechenden Gewinnen. In einer Untersuchung wurde bei 122 Männern, die ihren ersten Herzinfarkt hatten, die Stärke ihres Optimismus bzw. Pessimismus gemessen. Acht Jahre später waren von den 25 pessimistischsten Männern 21 tot; von den 25 optimistischsten waren nur 6 gestorben. Ihre seelische Einstellung erwies sich als besserer Vorhersagemaßstab ihres Überlebens als alle medizinischen Risikofaktoren ..."

(Goleman, 1996, S. 225)

Auch *Martin Seligman* unterstützt diese Meinung:

„In den letzten fünf Jahren haben Labors in der ganzen Welt einen steten Fluß von wissenschaftlichen Erkenntnissen hervorgebracht. Diese Erkenntnisse belegen, daß psychische Eigenschaften, vor allem Optimismus, zu guter Gesundheit führen können."

(Seligman, 1991, S. 211)

Gesundheitsfördernde Aspekte

Demnach gibt es vier Ebenen, auf denen Optimismus die Gesundheit fördert:

1. Optimismus verhindert die Entstehung von Hilflosigkeit und bewirkt so, daß das Immunsystem funktionsfähig bleibt.
2. Optimismus motiviert den Menschen zu einer gesunden Lebensweise. Pessimisten gehen oft nicht sorgsam mit sich selbst um.
3. Optimismus wirkt sich auf die Anzahl der negativen Ereignisse im Leben aus. Ein Pessimist erlebt subjektiv mehr „Katastrophen".
4. Optimisten erhalten mehr „soziale Unterstützung", weil sie mehr Sozialkontakte haben als Pessimisten und diese besser pflegen.

(nach: M. Seligman, 1991, S. 211-214)

Wahrscheinlich erleben Optimisten dieselbe Anzahl von Erfolgen und Niederlagen wie Pessimisten – aber sie gehen anders damit um:

„Optimisten führen eine Niederlage auf etwas zurück, das sich ändern läßt, so daß sie beim nächsten Mal Erfolg haben können; Pessimisten nehmen die Schuld an der Niederlage auf sich und schreiben sie einem bleibenden Merkmal zu, an dem sie nichts ändern können."

(Goleman, 1996, S. 117)

Optimismus bewährt sich in Krisen

Entsprechend unterschiedlich fallen die weiteren Reaktionen aus: Optimisten überlegen, wie sie beim nächsten Versuch erfolgreicher sein können. Sie stellen einen Aktionsplan auf oder holen sich Rat und Hilfe bei anderen. Pessimisten dagegen ziehen sich in ihr Schneckenhaus zurück, weil sie überzeugt sind, daß sie an dem vermeintlich persönlichen Mangel doch nichts ändern können. Was also den Optimismus offensichtlich ausmacht, ist die Fähigkeit, angesichts einer Niederlage trotzdem weiterzumachen und sich nicht entmutigen zu lassen. Der Pessimist ist oftmals blockiert und sieht keinen Ausweg mehr; der Optimist dagegen bewährt sich gerade in Krisensituationen, weil er nach Wegen und Lösungen sucht.

Der Optimist ist der eigentliche Realist, denn er sieht immer die Chancen.

Auf der Grundlage einer solchen optimistischen Weltanschauung läßt sich das Leben erfolgreich planen und gestalten. Kommen zum Optimismus noch Begabung und Motivation hinzu, dann steht dem Erfolg nichts mehr im Wege!

Training:

Sicherlich haben Sie auch schon Situationen erlebt, die schlichtweg „zum Verzweifeln" waren. Können Sie sich noch an vier solche Krisen erinnern, in denen Sie nur durch Optimismus und Zuversicht einen Weg fanden, um weiterzumachen?

Unterschiedliche Einschätzungen von Krisensituationen

Wie reagieren nun Pessimisten und Optimisten auf eine Krise? Der Unterschied in ihren Reaktionen liegt in der Einschätzung des Ausmaßes:

Für den Pessimisten ist ein Mißgeschick
a) dauerhaft,
b) allumfassend und
c) von ihm persönlich verursacht worden.

Der Optimist dagegen glaubt, der Mißerfolg ist
a) ein vorübergehendes Phänomen,
b) nur auf einen Teilaspekt seines Lebens bezogen und
c) die Schuld liegt eher in den allgemeinen Umständen oder bei anderen Personen.

Neue Grenzen ziehen

Das bedeutet, wenn wir lernen, einen Mißerfolg in optimistischem Sinne zu interpretieren, kann es uns auch gelingen, negative Erklärungsmuster abzulegen und zwischen Erfolg und Mißerfolg neue Grenzen zu ziehen, die unsere optimistische Lebenseinstellung nicht mehr so leicht tangieren.

Ein Beispiel für unterschiedliche Reaktionen

Ein Beispiel: Sie haben ausgerechnet den vierzigsten Geburtstag Ihrer besten Freundin vergessen und machen sich deshalb schreckliche Vorwürfe. Wären Sie Pessimist, würde sich Ihr innerer Dialog etwa folgendermaßen anhören: „Ich vergesse immer (dauerhaft) die wichtigsten Dinge. An was denke ich denn überhaupt noch (allumfassend)?! Was bin ich doch für eine entsetzliche Person (persönlich verursacht)!" Haben Sie dagegen eine optimistische Grundeinstellung, dann sagen Sie sich folgendes: „Zu dumm, daß ich das vergessen habe! Dabei habe ich die letzten Jahre immer an ihren Geburtstag gedacht – nur gerade dieses Mal nicht (vorübergehend)! Ich bin doch sonst nicht so vergeßlich (situationsbezogen). Aber wahrscheinlich lag es daran, daß die Kinder krank sind und ich vor lauter Hektik nicht weiß, wo mir der Kopf steht (nicht selbstverschuldet)." Der wahre Optimist findet überdies auch gleich die Hintertür und eine Lösung: „Ich werde ihr morgen einen Brief und einen Blumenstrauß schicken und sie als Entschuldigung für nächste Woche ins Kino einladen."

Was meinen Sie wohl, wer dieses kleine Malheur leichter wegsteckt und den Rest des Tages trotzdem genießen kann? Merken Sie sich:

Der Optimist betrachtet einen Mißerfolg als vorübergehend, situations- oder sachbezogen und meistens nicht selbstverschuldet.

Training:

Suchen Sie aus der letzten Aufgabe (Seite 74) die Situation heraus, die Sie als die schlimmste Krise in Ihrem bisherigen Leben betrachten, und fragen Sie sich: War dieser Mißerfolg

- dauerhaft oder vorübergehend?
- allumfassend oder situationsbezogen?
- selbstverschuldet oder nicht?

Begründen Sie Ihre Einschätzung!

Optimisten fällt vieles leichter

Optimismus ist für jeden Menschen eine phantastische Voraussetzung, um sein Leben positiv zu gestalten. *„Mehr Chancen im Beruf und in der Liebe – Optimisten fällt tatsächlich vieles leichter"* ist ein Artikel überschrieben, der vor einiger Zeit in der *Welt am Sonntag* veröffentlicht wurde. Und er beginnt: *„Optimistische Menschen, die wie selbstverständlich davon ausgehen, daß in ihrem Leben alles gut laufen wird, haben tatsächlich sowohl im Beruf als auch in der Liebe bessere Chancen."*

(Welt am Sonntag. Zitiert nach:
Der erfolgreiche Weg 10/1996; S. 34)

Zu dem Begriff „Optimismus" gibt es viele sinnverwandte Bezeichnungen, die alle eine positive, ermutigende Botschaft enthalten:

Chance	Lebensbejahung
Daseinsfreude	Lebensfreude
Erwartung	Lebensmut
Fortschrittsglaube	rosa Brille
Freude	Sonne im Herzen
Glauben	Vertrauen
Heiterkeit	Vorfreude
Hoffnung	Zuversicht
Kraft	

Training:

Suchen Sie sich die drei Begriffe heraus, die Ihnen am meisten zusagen. Schreiben Sie dann auf ein Blatt Papier groß das Wort „Optimismus“ und darunter die drei ausgewählten Begriffe. Das Blatt hängen Sie sich anschließend für eine Woche über Ihren Badezimmerspiegel, damit sich Ihr Unterbewußtsein an diese Begriffe gewöhnt.

Finden Sie mindestens vier weitere Begriffe, die in die Liste der „Optimismus-Wörter“ hineinpassen!

Optimismus als Selbstzweck ist unproduktiv

Ein passiver Optimismus, der sich in unproduktiven, schwelgerischen Wunschträumen erschöpft, eignet sich nicht dazu, Ihre Lebensgestaltung positiv zu beeinflussen. Optimismus macht dann am meisten Sinn, wenn er auf ein vernünftiges, vor der Gesellschaft vertretbares Ziel bezogen ist. *Seligman* hat dafür den Begriff *„flexibler Optimismus“* geprägt (vgl. Seligman 1991, S. 254), der Ihnen einerseits hilft, die selbstgesteckten Ziele erfolgreich anzusteuern und zu erreichen, und andererseits mit unangenehmen Ereignissen besser fertigzuwerden und die Konsequenzen daraus zu ziehen, die am meisten Erfolg versprechen.

Wie können wir nun erreichen, daß wir von Tag zu Tag immer positiver und optimistischer denken und handeln? Einen Weg haben wir bereits aufgezeigt: Sie lassen sich von Mißerfolgen nicht mehr so stark beeinflussen, sondern interpretieren die Ursachen wohlwollend und knapp, um dann wieder optimistisch an Ihre nächsten Pläne zu denken. Ein anderer Weg ist, positives Denken zu trainieren, indem Sie Ihrem Unterbewußtsein die entsprechenden Impulse geben – davon wird das nächste Kapitel ausführlich handeln.

Die „Drei Diamanten“:

- Wer jeden Tag bewußt fröhlich, optimistisch und voller Zuversicht beginnt, der ist ein Meister der Lebenskunst.
- Der Optimist ist der eigentliche Realist, denn er sieht immer die Chancen.
- Der Optimist denkt nicht lange über seine Mißerfolge nach, sondern geht sofort an die Lösung anstehender Probleme.

Ihr wichtigster Helfer: Das Unterbewußtsein

Mit Hilfe des Unterbewußtseins Ängste und Unsicherheiten bewältigen

Viele Prominente aus Industrie, Gewerkschaft, Politik oder Sport genauso wie Hausfrauen, Schüler oder Angestellte ließen sich im Laufe der letzten Jahre in meinem *„Institut für Persönlichkeitsbildung, Rhetorik und Zukunftsgestaltung“* trainieren. In meinen Seminaren wurden sie erfolgreich von Unsicherheit, Ängsten und Nervosität befreit. Was sie dabei vor allem lernen, ist folgendes: Es kommt darauf an, daß wir unser Leben nicht allein durch unseren Intellekt meistern wollen, sondern daß wir weit stärker, als wir es bisher getan haben, auch die Fähigkeiten und die Möglichkeiten des

Unterbewußtseins einsetzen. Wir müssen dieses Unterbewußtsein vor unseren Lebenswagen spannen, um das verwirklichen zu können, was wir heute als Lebensqualität bezeichnen.

Wir haben ein Unterbewußtsein. Wir sollten es auch nutzen!

Unsere Wurzeln liegen im Unterbewußtsein

Woher beziehen wir unsere Energie? Aus dem Bewußtsein oder aus dem Unterbewußtsein? Betrachten Sie einmal einen schönen großen Baum: Er besteht aus den Wurzeln, dem Stamm und der Krone. Und er wächst im Laufe der Jahre nicht nur in die Höhe, sondern genauso in die Tiefe. Wenn seine Wurzeln nicht genügend Platz und Nahrung bekommen, verkümmert der ganze Baum.

Gesunde Wurzeln geben Kraft

Auch wir sollten äußerlich und innerlich wachsen, in die Höhe und in die Tiefe – auf die richtige Balance kommt es an! Wenn die Wurzeln genügend Nahrung bekommen und Platz haben, sich zu entfalten, dann ist auch der Baum gesund; er wächst und gedeiht, und seine Blüten kommen jedes Jahr von alleine wieder. Reine Oberflächenkosmetik hätte keinen Sinn, wenn an der Wurzel etwas nicht in Ordnung wäre. Doch mit gesunden Wurzeln wird der Baum sich selbst dann wieder erholen, wenn der Sturm einmal einen Ast abbricht.

Unser Unterbewußtsein braucht stete Pflege

„Das Wesentliche ist für die Augen unsichtbar“, sagt der Kleine Prinz von *Antoine de Saint-Exupéry*. Die unsichtbaren Wurzeln sind es, die den immer wiederkehrenden Erfolg ermöglichen. Ein einzelnes Erfolgserlebnis kann jeder einmal haben; wer jedoch den lebenslangen Erfolg anstrebt, muß die entsprechenden Wurzeln in sich anlegen und pflegen. Nur wer in sich selbst ruht,

in sich selbst einen Mittelpunkt hat, ist der Hektik dieser Zeit gewachsen. Der Mensch lebt aus der Tiefe, das Äußere macht nur sichtbar, wie es innen aussieht. Erfolgreich zu sein nützt uns auch nichts, wenn wir dabei in kurzer Zeit innerlich ausbrennen: Unsere Kraft und Energie muß immer wieder aktiviert und aufgeladen werden. Deshalb müssen wir darauf achten, unser Unterbewußtsein zu pflegen und immer wieder durch positive, aufbauende Gedanken zu ernähren.

Training:

Eine einfache Methode, Ihr Unterbewußtsein positiv aufzuladen, ist das Sammeln von schönen Erinnerungen. Denken Sie einmal an die schönsten Stunden Ihres Lebens, und notieren Sie mindestens zehn Situationen:

Glücksmomente erinnern

Sicherlich haben Sie in Ihrem Leben bereits mehr als zehn Glücksmomente erlebt – aber an wie viele davon können Sie sich noch erinnern? Der Mensch lebt aus seinem Gedächtnis; schon *Cicero* erklärte: *„Das Gedächtnis ist die Schatzkammer des Lebens."* Je mehr Erinnerungen an Liebe, Glück und Erfolg darin verfügbar sind, um so intensiver stellt sich das Unterbewußtsein auf Glücksmomente ein. Führen Sie eigentlich schon ein „Glückstagebuch?"

Training:

Legen Sie sich ein „Glückstagebuch" zu: In dieses Buch tragen Sie jeden Abend die drei erfreulichsten Ereignisse des vergangenen Tages ein. Das kostet Sie nicht einmal fünf Minuten – aber welch ein Reichtum an „Glück" sammelt sich hier schon innerhalb weniger Wochen an! Pro Woche sind das schon 21 Ereignisse, pro Jahr sogar 1095 erfreuliche, positive Erinnerungen!

Jedes noch so kleine Ereignis, das Sie schriftlich festhalten, prägt Ihr Unterbewußtsein.

Durch Schreiben wird der Geist Materie.

Glücksmomente tief verankern

Die Glücksmomente werden erst durch das Aufschreiben Teil unserer Realität, und nur durch das Aufschreiben können wir sicher sein, daß sich das positive Ereignis fest in unserem Gedächtnis (und in unserem Unterbewußtsein) verankert. Je öfter uns wir uns mit diesen schönen Erlebnissen beschäftigen, um so tiefer ist ihre Wirkung, und um so tiefer prägen sie unser zukünftiges Verhalten.

Das Eisberg-Modell

Vielleicht kennen Sie das Eisberg-Modell des menschlichen Geistes: Demnach entspricht das Bewußtsein der Spitze eines Eisberges. Jedoch macht dieses Bewußtsein nur ein Viertel unseres Geistes aus! Wenn Sie sich vor Augen halten, daß das Unterbewußtsein zusammen mit dem Unbewußten dagegen mehr als drei Viertel des menschlichen Geistes ausmacht, dann können Sie auch verstehen, warum das Unterbewußtsein so wichtig für unsere persönliche Entwicklung ist.

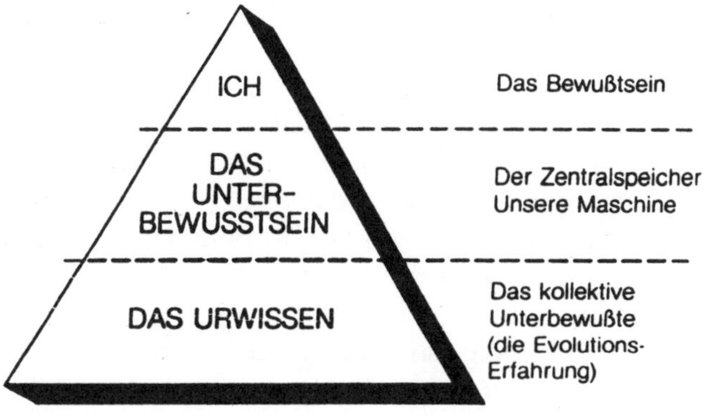

Mit einem positiven Unterbewußtsein läßt sich der Erfolg nicht mehr verhindern!

Das Unterbewußtsein „programmieren"

Alle großen Taten werden im Inneren des Menschen vorbereitet, so auch der Erfolg. Wir sollten die gewaltigen Kräfte unseres Unterbewußtseins nutzen! Wie funktioniert das? Ähnlich wie ein Computer läßt sich auch Ihr Unterbewußtsein programmieren. Wenn Sie positive Suggestionen und Gedanken ständig wiederholen oder sogar auswendig lernen, dann werden Sie früher oder später in Ihrem Unterbewußtsein Ihren besten Mitarbeiter finden. Dabei sollten Sie folgendes beachten:

Wählen Sie sorgfältig aus

1. Suchen Sie die Gedanken sehr sorgfältig aus, mit denen Sie sich beschäftigen, denn das Unterbewußtsein hat keine Kontrollinstanz! Es ist nur das ausführende System; und das Ergebnis dieser Ausführungen (Output) hängt davon ab, welche Gedanken Sie zulassen (Input). Die Vernunft wählt also die Ziele aus, das Unterbewußtsein kümmert sich um die Realisierung.

Wiederholung

2. Geben Sie wichtige Gedanken und Impulse nicht nur einmal, sondern so oft wie möglich an Ihr Unterbewußtsein weiter!

Vom Gedanken zur Vision

Jeder noch so kleine Gedanke kann sich durch die Wiederholung zu einer starken, mächtigen Vision entwikkeln: *„Beachtung bringt Verstärkung“ (elftes Grundgesetz) – „Aus dem kleinsten Gedankenfunken kann ein leuchtendes Feuer werden“ (fünftes Grundgesetz).* Diese und die anderen Grundgesetze sind Naturgesetze, wie auch der Erfolg ein Naturgesetz ist. Alles lebt und entwickelt sich nur für den Erfolg und durch den Erfolg.

Lernen Sie die 14 Grundgesetze auswendig

Deshalb sollten Sie die vierzehn Grundgesetze der Lebensentfaltung *auswendig lernen.* Dadurch prägen Sie Ihrem Unterbewußtsein diese Gesetzmäßigkeiten so intensiv ein, daß es das Erlernte unbewußt, also völlig automatisch nutzen kann. So werden Sie voller Optimismus und Freude neue Dimensionen im Alltag erobern. Indem Sie Ihr Unterbewußtsein konsequent mit positiven Gedanken füttern, lernen Sie, Ihre eigenen Erfolge zu verursachen. Lassen Sie nicht zu, daß der Zufall Ihr Unterbewußtsein programmiert!

Nutzen Sie Ihr Potential!

Ihr Gehirn besitzt dreizehn Milliarden Zellen, die alle darauf warten, von Ihnen genutzt zu werden. Dreizehn Miliarden – das ist eine Zahl mit neun (!) Nullen! Möchten Sie nur deren Besitzer sein, oder möchten Sie sie auch als tüchtige Mitarbeiter für Ihre Zwecke einspannen? Möchten Sie Ihr Leben nur geschehen lassen, oder wollen Sie es selbst steuern? Ich jedenfalls kann mir kein schöneres Leben vorstellen, als die Zeit zu nutzen, um aktiv an der Erfüllung meiner Wünsche zu arbeiten!

Training:

Motivieren Sie Ihr Unterbewußtsein regelmäßig zur Mitarbeit, als wäre es ein guter Freund. Sprechen Sie mit ihm! Lesen Sie den folgenden Suggestionstext laut vor, und wiederholen Sie diese Übung in den nächsten vier Wochen täglich viermal vor dem Spiegel. Die Wirkung auf Ihre Ausstrahlung wird sich schon nach wenigen Wochen sehr deutlich zeigen.

> „Ich bin fest entschlossen, die Kräfte und Fähigkeiten meines Unterbewußtseins zu nutzen.
> Mein Unterbewußtsein ist mein bester Mitarbeiter, es ist der Riese in mir.
> Ich lerne, mein Unterbewußtsein immer stärker zu beeinflussen.
> Täglich werde ich mein Unterbewußtsein überzeugend und suggestiv ansprechen und zu ihm sagen, was ich von ihm erwarte.
> Täglich wächst mein suggestiver Einfluß, das stärkt und kräftigt meine Persönlichkeit.
> Alle Kräfte meines Unterbewußtseins warten darauf, meine Wünsche zu erfüllen.
> Aus diesem Grunde werde ich täglich konzentriert und suggestiv mein Unterbewußtsein besprechen, dann wird mein bester Mitarbeiter alles tun, was ich von ihm erwarte.“

Alle Möglichkeiten liegen in Ihnen

Alle großen Persönlichkeiten der Geschichte haben die Macht ihres Unterbewußtseins genutzt – das können Sie auch, indem Sie es immer wieder mit den richtigen optimistischen Ideen und Vorstellungen prägen. Nutzen Sie den inneren Giganten, um durch ihn Ihre Möglichkeiten und Chancen optimal zu nutzen!

Jeder kleinste Stein zählt

Stellen Sie sich vor, Sie stehen am Ufer eines Baches und wollen auf die andere Seite. Wenn in der Mitte ein einziger großer Stein läge, könnten Sie mit zwei Schritten am anderen Ufer sein ... Sie fangen an, kleine Steine in das Bachbett zu werfen. Die ersten paar Würfe hinterlassen scheinbar keinerlei Wirkung. Doch Sie machen unbeirrt weiter, und so allmählich sammeln sich die Steine auf dem Grund des Baches an. Schließlich erhebt sich doch ein kleiner Berg mitten aus dem Wasser – Sie können trockenen Fußes hinüber. Die gleiche Wirkung hat das Auswendiglernen oder Wiederholen positiver Gedanken: Schon nach kurzer Zeit wird der Erfolg auch in der Außenwelt sichtbar!

Am leichtesten läßt sich unser Unterbewußtsein prägen, wenn wir im Alpha-Zustand sind. Unser Gehirn produziert im Verlauf des Tages unterschiedlich starke Gehirnströme. Die Bandbreite der Wellenlängen variiert von 0 bis 35 Hertz:

- im Tiefschlaf (Delta-Zustand): 0 bis 4 Hertz
- im leichten Schlaf (Theta-Zustand): 4 bis 7 Hertz
- in der Entspannung (Alpha-Zustand): 7 bis 14 Hertz
- im schwachen bis starken Erregungszustand (Beta-Zustand): 14 bis 35 Hertz.

Im Alpha-Zustand Kraft tanken

Im Alpha-Zustand ist das Tor zum Unterbewußtsein weit geöffnet: Der Geist ist hellwach; der Körper jedoch befindet sich in tiefer Ruhe und Entspannung. So werden die geistigen Energien wie mit einem Brennglas gebündelt. In diesem Zustand der Entspannung kann der

Körper kein Adrenalin produzieren, so daß keine wie auch immer gearteten Ängste entstehen. In diesem angstfreien Zustand finden sich Mut, Zuversicht und Optimismus automatisch ein. Durch die innere Gelassenheit werden die Sorgen und Befürchtungen kleiner; Sie fühlen sich frei und kraftvoll. Deshalb sollten Sie sich mindestens einmal am Tag in den Alpha-Zustand begeben.

Der Alpha-Zustand ist Ihr Schlüssel zum Erfolg.

Beispiel Serge Rachmaninow

Welchen Erfolg eine gezielte Suggestion im Alpha-Zustand haben kann, zeigt die folgende Begebenheit: Der weltberühmte russische Komponist *Serge Rachmaninow* (1873-1943) wurde im Jahre 1899 nach England eingeladen. Im Zustand schwerster Depression trat er seine Reise an. Er hatte versprochen, für die Philharmonie in London ein Klavierkonzert zu schreiben, aber er machte eine unschöpferische Phase durch: Stundenlang starrte er auf sein Klavier, doch keine Ideen stiegen in ihm auf.

Suggestion im Alpha-Zustand

Er verfiel in fortschreitende Lethargie, die seine Freunde stark beunruhigte. Durch Zufall erfuhr man von einem Londoner Hypnosearzt. Im Frühjahr 1900 besuchte Rachmaninow diesen Hypnotiseur und ließ sich von ihm behandeln. Im Entspannungszustand (Alpha-Zustand) suggerierte ihm der Arzt: *„Sie werden mit dem Komponieren Ihres Konzertes beginnen. Die Arbeit wird Ihnen sehr leicht fallen. Das Werk wird exzellent sein. Gehen Sie nach Hause und denken Sie darüber nach.“*

Diese Gedanken wurden ihm in das Unterbewußtsein eingepflanzt. Rachmaninow nahm die neue Programmierung auf und schrieb daraufhin sein unsterbliches Klavierkonzert Nr. 2 in C-Moll. Es ist in die Musikgeschichte eingegangen.

Entspannungsübungen und Suggestionen

Den Alpha-Zustand erreichen Sie am leichtesten durch Entspannungsübungen und Suggestionen, wie sie auch auf unseren Suggestivcassetten zu finden sind. Durch diese Übungen verändert sich Ihre Atmung, ein Prinzip, das man in allen Meditationstechniken der Welt wiederfindet. Zwanzig Minuten am Tag im Alpha-Zustand zu entspannen und aufzutanken kann wichtiger und produktiver sein, als von morgens bis abends pausenlos zu arbeiten.

Die Wirkung des Alpha-Zustandes

Die geheimnisvolle Wirkung des Alpha-Zustandes erklärt sich durch folgende Erkenntnisse:

- im Alpha-Zustand ist das Gehirn am lernfähigsten;
- im Alpha-Zustand ist der Mensch am reaktionsfähigsten;
- im Alpha-Zustand kann man sich am leichtesten von falschen Programmen und Vorstellungen lösen und neue, wertvollere Programme einrichten;
- im Alpha-Zustand lernt der Mensch, sein volles Potential zu nutzen;
- im Alpha-Zustand überwindet der Mensch seine Begrenzungen;
- der Alpha-Zustand aktiviert Kraft und Energie zum Handeln;
- der Alpha-Zustand läßt Ängste schwinden und den Glauben wachsen, der Berge versetzen kann.

Warum also sollten Sie ein derartiges Potential nicht erfolgreich für Ihre Ziele einsetzen?

Die „Drei Diamanten“:

- Wir haben ein Unterbewußtsein. Wir sollten es auch nutzen!
- Mit einem positiven Unterbewußtsein läßt sich der Erfolg nicht mehr verhindern!
- Der Alpha-Zustand ist Ihr Schlüssel zum Erfolg.

Die erfolgreiche Selbstmotivation

Ich kann, was ich will!

Das sollte Ihr Motto sein, das Sie sich groß auf ein Blatt Papier schreiben und an einer gut sichtbaren Stelle aufhängen. Denn egal, ob Sie den Ärmelkanal durchschwimmen, sich einen widerspenstigen Lebenspartner angeln, ein Geschäft eröffnen, nach Australien auswandern oder sonst etwas „Unmögliches“ tun wollen – wenn Sie es wirklich wollen, mit jeder Faser Ihres Herzens, dann wird es Ihnen auch gelingen! Wenn Sie es wirklich wollen, dann werden Sie Mittel und Wege finden, um Ihre Ziele zu verwirklichen.

Vier Säulen des Erfolges:

Bei jedem Ziel, das Sie erreichen wollen, gibt es vier Aspekte, die Sie beachten müssen, denn das Haus des Erfolges steht auf vier Säulen:

Der Wille

1. Wann und wo haben Sie beschlossen, erfolgreich zu sein? Gibt es einen Zeitpunkt in Ihrem Leben, an dem deutlich ein Funke übersprang und Sie wußten: „Ab jetzt will ich Erfolg haben“? Wenn Ihnen kein

derartiger Zeitpunkt einfällt, dann beschließen Sie jetzt in diesem Moment definitiv: *Ich will ab sofort erfolgreich sein!*

Die Konzentration

2. Auf welchem Gebiet wollen Sie erfolgreich sein? Sie haben die Freiheit der Wahl: Sie können ein erfolgreicher Chef, Partner, Versicherungsfachmann, Architekt, Sportler und so weiter werden – aber Sie dürfen Ihre Energien dabei nicht nach dem Gießkannenprinzip ausschütten! Der Laserstrahl ist gefragt, die Konzentration auf das Wichtigste; Konzentration ist die Verdichtung von Energie.

Die Bereitschaft zu lernen

3. Sie haben die Gewißheit, daß Sie alles lernen können! Vielleicht sind Sie auf Ihrem „Erfolgsgebiet" noch ein Anfänger, dann lernen Sie eben hinzu! Die Tiere folgen ihrem Instinkt, ihnen ist alles, was sie wissen müssen, bereits angeboren. Die Menschen dagegen handeln nach ihrem Charakter, und dieser wird durch Lernen und Erfahrung geformt.

Das überzeugende Sprechen

4. Wer im Leben erfolgreich sein will, der sollte andere überzeugen können. Das erfolgreiche Leben beginnt mit der Fähigkeit, erfolgreich zu sprechen. Es reicht nicht aus, nur positiv zu denken – Sie müssen auch positiv und optimistisch sprechen! Es ist von großer Bedeutung, was Sie sagen und wie Sie etwas sagen, denn Ihre Worte können auf Ihr gesamtes Umfeld entweder aufbauend oder zerstörend wirken. Das ganze Leben besteht aus dem Senden und Empfangen von Informationen, und Ihre Qualität als Sender macht Ihren Erfolg aus! Ihre Stimme ist wie ein Ausweis, den Sie ständig mit sich herumtragen.

Training:

Lesen Sie sich den folgenden Suggestionstext laut vor. Ebenso wie mit der Autosuggestion im letzten Kapitel haben Sie auch mit diesem Text die Möglichkeit, sich selbst zu beeinflussen! Wiederholen Sie diese Übung täglich viermal, und Sie werden schon innerhalb kurzer Zeit merken, wie Ihnen diese Gedanken in Fleisch und Blut übergehen und Ihr Verhalten positiv steuern:

„Ich bin fest entschlossen,
die Chancen meines Lebens zu nutzen.
Wer erfolgreich sein will, muß im Sprechen
beherrscht und im Tonfall seiner Stimme
absolut sicher sein.
Ich weiß, daß für die Macht der Sprache die innere
Sicherheit ausschlaggebend ist – das ist eine Frage des
Vertrauens zur eigenen Kraft.
Ich kann im Sprechen nur dann sicher sein,
wenn ich innerlich sicher bin.
Ich bin sicher. Vollkommen sicher.
Und frei von allen Hemmungen!“

Üben Sie täglich!

Machen Sie sich solche Suggestionen zur Gewohnheit! Wenn Sie noch nicht begonnen haben, mit der im letzten Kapitel vorgestellten Suggestion zu arbeiten, dann suchen Sie sich jetzt bitte den Text aus, der Sie stärker anspricht, und beginnen Sie noch heute mit Ihrem Training. Sie sollten immer nur mit einer Autosuggestion arbeiten, und zwar für mindestens vier Wochen am Stück.

Die Macht der Gewohnheiten

Der Mensch ist ein „Gewohnheitstier“: 95 % unseres Verhaltens sind abhängig von Gewohnheiten! Zwar können wir unsere schlechten Gewohnheiten nicht bekämpfen, denn dadurch würden wir ihnen zuviel Beachtung schenken und sie somit ungewollt verstärken – aber wir können sie durch neue, bessere Gewohnheiten ersetzen. Die Macht der Gewohnheiten führt uns zum Erfolg; und der Alpha-Zustand unterstützt uns darin, neue Gewohnheiten fest zu verankern. Besonders mit Hilfe von Suggestivcassetten können positive Verhaltensweisen tief ins Unterbewußtsein eingeprägt werden. Voraussetzung dafür ist der feste Wunsch, ein bestimmtes Ziel zu erreichen. Ist er vorhanden, dann stehen alle Türen offen.

Alpha-Training für jeden Optimisten

Indem Sie regelmäßig
- Autosuggestions-Training und
- Alpha-Training

betreiben, laden Sie Ihre Nervenbatterien auf. Ihre Kräfte sind konzentriert, und gleichzeitig wird das Unterbewußtsein darauf programmiert, diese Kräfte gezielt einzusetzen, um das Ergebnis zu optimieren. Das tägliche Alpha-Training sollte für jeden Optimisten eine Selbstverständlichkeit sein!

Alpha-Training:

Verstärken Sie gleich jetzt Ihre wertvollen Vorsätze, indem Sie die folgenden Sätze ergänzen:

1. Da die Zeit reif ist, werde ich

2. Da die Zeit reif ist, werde ich

3. Da die Zeit reif ist, werde ich

4. Da die Zeit reif ist, werde ich

5. Da die Zeit reif ist, werde ich

Alles, was lebt, braucht Erfolg

Sie brauchen Ihren Erfolg also nicht dem Zufall zu überlassen; Sie können Erfolg trainieren! *Albert Einstein* sagte sehr treffend: *„Gott würfelt nicht."* Nichts ist dem Zufall überlassen, alles Leben entfaltet sich nach bestimmten Gesetzen – nach den Gesetzen des Erfolges. Alles, was lebt, braucht Erfolg. Jeder Halm, jede Knospe, jeder Baum, jedes Tier, jeder Mensch, ob jung oder alt. In der Natur zeigt sich sehr deutlich, daß die Tiere und Pflanzen, die sich nicht anpassen oder ihre Probleme lösen, mit der Zeit aussterben.

Erfolg ist das Lebensprinzip schlechthin, die zentrale Aufgabe des Universums!

Wenn Sie sich ebenfalls nach den Erfolgsgesetzen richten (die wir in den „Grundgesetzen der Lebensentfaltung" formuliert haben), dann sind Ihre künftigen Erfolgserlebnisse auch nicht zufällig, sondern durch Ihr Training und Ihre innere Einstellung verursacht – und dann werden Ihre Erfolge auch wiederholbar!

Intuition – der innere Ratgeber

Viele erfolgreiche Optimisten entwickeln und pflegen die Gabe der Intuition. Dieser innere Ratgeber durchdringt sämtliche Schichten des Bewußtseins: unser Tagbewußtsein genauso wie das Unterbewußtsein und das kollektive Unbewußte. Die Intuition ist es, die uns im Zweifelsfall das gute oder schlechte Gefühl eingibt, nach dem wir dann schließlich entscheiden:

Im Streit zwischen Gefühl und Intellekt siegt immer das Gefühl!

Unsere Gesellschaft ist rational ausgerichtet

Das besagt unser *achtes Grundgesetz.* Erstaunlich ist nur, daß in unserem Kulturkreis so wenig Rücksicht auf diese Tatsache genommen wird: Die meisten Menschen orientieren sich hauptsächlich am Intellekt. Dabei wußte schon *George Bernard Shaw:*

„Es ist das Gefühl, das den Intellekt entzündet, und nicht der Intellekt, der das Gefühl entfacht."

Unsere Intuition kennt uns besser als unser Verstand

Die besten Argumente wirken nicht, wenn das Gefühl dagegenspricht. Es ist das Gefühl, der Instinkt, der uns zu einer Handlung oder Entscheidung treibt. Diese innere Stimme hat Kontakt zu all unseren Bewußtseinsebenen; sie schöpft aus dem vollen sämtlicher dort vorhandener Informationen. Die innere Stimme ist es, die uns und unser Leben am besten kennt – besser, als wir selbst uns über unseren Verstand begreifen. Den Kontakt zu ihr können wir herstellen, indem wir uns regelmäßig in den Alpha-Zustand begeben und sie dort um Rat fragen:

Unser Geist ist unglaublich weise – man muß ihn nur befragen.
Die Tür zum Erfolg geht nach innen auf!

Diesen Merksatz können Sie als Autosuggestion benutzen und sich so den Weg in Ihr Unterbewußtsein erleichtern: Alles liegt in uns, die Fragen und die Antworten, die Ziele und der Erfolg.

Fühlen Sie Ihre Ziele!

Im Zustand der Entspannung sind wir ruhig und aufnahmebereit für alles, was kommt. Unser Unterbewußtsein nimmt die Wünsche und Aufträge von uns entgegen und macht sich an die Arbeit, sie zu verwirklichen. Je stärker wir diese Ziele mit intensiven Gefühlen verbinden, um so tiefer werden sie im Unterbewußtsein verankert, besagt unser *neuntes Grundgesetz:*

Gefühle lenken und verstärken die Konzentration unbewußt, aber nachdrücklich.

Konzentrieren Sie sich also im Alpha-Zustand auf einen sehr wichtigen Wunsch, und stellen Sie sich so intensiv wie möglich vor, wie Sie Gefühle der Freude, der Begeisterung, des Glücks oder des Stolzes empfinden, wenn Sie dieses Ziel erreicht haben. Wenn diese Gefühle brennend genug sind, wird sich das Unterbewußtsein unverzüglich daran machen, an der Realisierung dieses Wunsches zu arbeiten.

Training:

Gehen Sie mit Hilfe einer Suggestionscassette oder einer anderen Entspannungsmethode in den Alpha-Zustand. Denken Sie an einen Wunsch oder ein Ziel, das für Sie momentan von großer Bedeutung ist. Malen Sie sich in Ihrer Phantasie aus, wie es sein wird, wenn Sie dieses Ziel erreicht haben, und schmücken Sie Ihre Vorstellung mit den intensivsten Gefühlen und Empfindungen aus, die Sie in bezug auf dieses Ziel wahrnehmen können.

Selbstmotivation ist der erfolgreiche Weg schlechthin

Gewöhnen Sie sich diese Methode an. Es ist die erfolgreichste Methode der Selbstmotivation, die es gibt! *„Ich kann, was ich will!“* – das ist „der erfolgreiche Weg“ schlechthin! So können Sie sich immer wieder selbst motivieren. Denn nur wer sich selbst erfolgreich motivieren kann, dem gelingt es auch, andere Menschen zu motivieren. Und die wichtigste Fähigkeit eines erfolgreichen Menschen ist es nach wie vor, daß er sich und andere motivieren und beeinflussen kann, daß er andere für sich und seine Ziele begeistern kann!

Wenn Sie den „erfolgreichen Weg“ konsequent praktizieren, werden Sie (mindestens) 23 Vorteile haben:

1. Sie haben mehr Erfolg durch eine gesteigerte Entschlußfähigkeit.
2. Sie erleben eine Steigerung Ihrer Leistungsfähigkeit.
3. Sie können andere Menschen immer wirkungsvoller inspirieren.
4. Sie können Nervosität, die aus Überbelastung resultiert, schneller abbauen.
5. Streßbedingte Beschwerden verschwinden.
6. Ihr gesundheitliches Befinden steigert sich.
7. Sie werden Ihre Erholungspausen effektiver nutzen.
8. Sie können Ihre Freiheit intensiver genießen.
9. Die Umschaltung von Anspannung auf Entspannung ist Ihnen jederzeit möglich.
10. Sie werden mit Freude einschlafen und gut gelaunt erwachen.
11. Sie fühlen sich nicht unterdrückt.
12. Sie werden sich frei entfalten.
13. Sie erleben eine Steigerung Ihres Selbstbewußtseins.
14. Sie erhalten stärkere Nerven- und Willenskraft.
15. Sie können sich selbst in Streßsituationen konzentrieren.
16. Sie werden in extremen Situationen einen klaren Kopf bewahren.
17. Sie können sich auf sich und Ihre Reaktionen verlassen.
18. Sie erleben sich als immer mutiger und optimistischer.
19. Sie erkennen Probleme als das, was sie sind, nämlich Chancen und Herausforderungen.

20. Sie entwickeln ein gutes und zuverlässiges Gedächtnis.
21. Ihr Unterbewußtsein ist Ihr bester Mitarbeiter.
22. Ihre persönliche Einstellung ist heiter und optimistisch.
23. Sie sind eine beliebte und geachtete Persönlichkeit.
24.
25.
26.

Training:

Haben Sie selbst noch weitere Vorteile unserer Methode erlebt? Dann ergänzen Sie die Liste bitte!

Die „Drei Diamanten":

- Ich kann, was ich will!
- Das erfolgreiche Leben beginnt mit der Fähigkeit, erfolgreich zu sprechen.
- Unser Geist ist unglaublich weise – man muß ihn nur fragen. Die Tür zum Erfolg geht nach innen auf!

Die Balance: Yin und Yang

Kein Mensch ist vollkommen

Kennen Sie einen perfekten, einen vollkommenen Menschen? Wir nicht, denn jeder Mensch hat Fehler, niemand ist vollkommen. Es kommt darauf an, zu erkennen, daß wir auch mit unseren Schwächen ein glückliches und erfülltes Leben gestalten können. Es ist unsere

Aufgabe im Leben, trotz unserer Fehler und Schwächen das Beste aus unseren Talenten und Begabungen zu machen.

„Die Welt ist nicht heil, aber sie ist heilbar."

Viktor Frankl

Die Yin-Yang-Figur

Betrachten wir einmal unsere Symbolfigur, den „vollkommenen Menschen", auch Yin-Yang-Figur genannt. Dieser Mensch hat einen festen Stand. Er steht mit beiden Beinen fest auf dem Boden; er hat einen Standpunkt, den er souverän vertreten und verteidigen kann. Er steht zu seinen Idealen und Zielen.

Innere Festigkeit

Dieser Mensch steht aufrecht und verkörpert Gleichgewicht; er strahlt Kraft und Harmonie aus. Er macht einen selbstbewußten Eindruck, hält den Kopf oben und ist voller Zuversicht. Er glaubt an seine Möglichkeiten und Chancen und vor allem an seine Zukunft; er erträgt das Leben und ist belastbar. Seine innere Festigkeit ist eine gewaltige Kraft, die aus der Mitte kommt. Viele Menschen sind eher mit Zwiebeln vergleichbar: Sie habe unzählige Schalen und Häute, eine schillernde Oberfläche – aber keinen echten Kern und keine Mitte. Dabei ist die innere Mitte eines Menschen eine wesentliche Voraussetzung für ein erfolgreiches Leben:

Wer in sich selbst ruht, in sich einen Mittelpunkt hat, der ist der Hektik dieser Zeit gewachsen.

Aus der Mitte heraus leben

Die Yin-Yang-Figur ist ein Symbol aus der chinesischen Philosophie des Taos. Diese Philosophie geht davon aus, daß wir in einer Welt der Gegensätze leben: Tag und Nacht, Ebbe und Flut, männlich und weiblich, Glück und Unglück, Erfolg und Mißerfolg und so weiter. Wir alle leben in dieser Welt, in der wir uns täglich behaupten und bewähren müssen. Hier lebt die Symbolfigur aus ihrem Mittelpunkt und steht immer wieder aufrecht, auch wenn sie vom Schicksal in die eine oder andere Richtung gestoßen wird.

Wir wollen uns diese Figur, diesen Menschen als Vorbild nehmen und innerlich genauso stabil werden, damit auch wir uns bei Mißerfolg und Ungerechtigkeit immer wieder aufrichten. So werden wir am Schicksal wachsen, aber nicht zerbrechen. Viele Menschen lassen sich schnell aus dem Lot bringen, weil sie ihre Mitte noch nicht gefunden haben. Unsere Philosophie des „erfolgreichen Weges" will Ihnen helfen, mehr und mehr aus der eigenen Mitte zu leben und die notwendige innere Stabilität zu erlangen.

Wer seinen Mittelpunkt findet, der wird auch für andere zum Mittelpunkt!

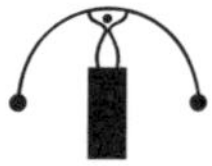

Hilfe zur Selbsthilfe

Unsere Trainigsmethoden leisten Hilfe zur Selbsthilfe, sie wollen Sie dazu anregen, Ihre Chancen im Leben zu erkennen und zu verwirklichen: der zu werden, der Sie in Wirklichkeit schon sind. Die meisten Menschen wollen gerne etwas sein, etwas darstellen – aber niemand will etwas werden! Dabei reicht es nicht, von Selbstverwirklichung zu träumen oder darüber zu reden – man muß sie schon aktiv praktizieren, um etwas zu erreichen. Ein wirklich erfolgreicher Mensch ist auch ein Symbol des Erfolges für andere. Und er glaubt fest an seine Zukunft. Er sagt nicht: „Ich glaube an mich", das wäre ein Zeichen purer Eitelkeit. Er sagt vielmehr: „Ich glaube an meine Zukunft", das heißt, er glaubt an seine Chancen und Fähigkeiten, er will seine Ziele in der Zukunft verwirklichen – und das ist ein Zeichen von großem Selbstvertrauen! Jeder Mensch ist einmalig und hat seine eigenen persönlichen Wünsche und Chancen:

Ein Mensch, der seine Einmaligkeit erkennt und seine Identität bejaht, ist in sich stabil und belastbar.

„... ohne Gesundheit ist alles nichts!“ (Schopenhauer)

Eine Grundvoraussetzung für diese Stabilität ist allerdings auch das körperliche Wohlbefinden. Wer das Ideal des „vollkommenen Menschen“ anstrebt, sollte darauf achten, daß er Körper, Geist und Seele gleichermaßen pflegt. Schließlich ist es der Körper, der die Energie liefert, 24 Stunden am Tag, mit deren Hilfe wir daran gehen wollen, unser Leben erfolgreich zu gestalten. Die größten, motivierendsten Ziele aber bleiben reine Träumereien, wenn uns die Gesundheit und Nervenkraft fehlen, um an ihrer Verwirklichung aktiv zu arbeiten.

Training:

Was können Sie konkret in den nächsten Tagen für Ihren Körper tun? Überlegen Sie sich eine Maßnahme für die kommende Woche und drei Aktivitäten, die Sie längerfristig in den kommenden sechs Monaten durchführen können, um Ihrem Körper etwas Gutes zu tun!

Die Verantwortung liegt bei Ihnen

Wir sind selbst dafür verantwortlich, unseren Körper so zu behandeln, daß er in der Lage ist, eine überschäumende Vitalität zu produzieren, wann immer die Situation es erfordert. Hier sind Sie bereits im Vorteil, denn natürlich ist es für Ihren Körper wichtig, sich regelmäßig im Alpha-Zustand zu entspannen und sich mit Ihrem Unterbewußtsein in Verbindung zu setzen: In dieser Entspannung tanken Sie soviel Kraft und Energie, als würden Sie tief und fest schlafen. Wir selbst können also bestimmen, wie gut es uns geht, und den harmonischen Ausgleich schaffen – auf allen Ebenen des Seins!

Die „Drei Diamanten":

- Wer in sich selbst einen Mittelpunkt hat, ist der Hektik dieser Zeit gewachsen.
- Wer seinen Mittelpunkt findet, der wird auch für andere zum Mittelpunkt!
- Ein Mensch, der seine Einmaligkeit erkennt und seine Identität bejaht, ist in sich stabil und belastbar.

Zeit ist Erfolg – Die richtige Planung

Erfolg will geplant sein

Gehören Sie auch zu den Menschen, die ihr Leben schlechter planen als ihren Jahresurlaub? Dabei ist jede Stunde wichtig; jeder einzelne Tag bietet uns eine Fülle von Möglichkeiten, unsere Gegenwart und unsere Zukunft erfolgreich zu gestalten. Jeden Tag haben Sie die Chance, etwas zu tun oder zu erreichen, was Ihnen gestern noch nicht möglich war. Ihre Vergangenheit können Sie nicht mehr ändern, darum richten Sie jeden Tag Ihre gesamte Gedankenkraft auf eine erfolgreiche Zukunft, denn:

Wer nicht an seine Zukunft denkt, der hat keine!

Haben Sie zuwenig Zeit, wie so viele Menschen? Oder wissen Sie manchmal gar nichts mit Ihrer Zeit anzufangen?

Wer seine Zeit totschlägt, schlägt seine Chancen und seine Zukunft tot.

„Wer seine Zeit aus der Hand gleiten läßt, läßt sein Leben aus der Hand gleiten!" sagte *Victor Hugo*. Wer dagegen seine Zeit nutzt, der intensiviert sein Leben. *„Es ist nicht wenig Zeit, die wir haben, sondern es ist viel Zeit, die wir nicht nutzen"*, wußte schon *Seneca*.

Für wichtige Dinge ist immer Zeit

Menschen, die wissen, was sie wollen, finden immer Zeit für die Dinge, die ihnen wichtig sind: Wer gerne tanzen geht, wird sich die Gelegenheiten dazu verschaffen, wer gerne ins Kino geht oder lange Spaziergänge macht, wird die Zeit dafür finden. Und wer sich verliebt, der hat plötzlich ungeahnte Freiräume zur Verfügung ...

Training:

Finden Sie heraus, warum Sie zuwenig Zeit haben: Notieren Sie zu den folgenden Sätzen jeweils drei Ergänzungen:

Ich habe zuwenig Zeit, weil ich

Ich hätte mehr Zeit, wenn ich

Ich vergeude zuviel Zeit, weil ich

Ich habe zuwenig Einfluß auf meine Zeitplanung, weil ich

„Was will ich erreichen?"

Voraussetzung für eine effektive Zeitplanung ist natürlich, daß Sie genau differenzieren, für was Sie sich einsetzen wollen und für was nicht. Sie müssen sich immer wieder fragen: Was will ich erreichen? *„Gebraucht der Zeit, sie geht so schnell von hinnen, doch Ordnung lehrt Euch Zeit gewinnen!"* sagt Mephisto in *Goethes Faust*. Deshalb sollten Sie Ihre Tage gründlich planen.

Training:

Schreiben Sie einmal alles auf, was Sie morgen erledigen wollen. Machen Sie sich eine Liste, und notieren Sie auch sämtliche Kleinigkeiten, die Ihnen einfallen. Anschließend nehmen Sie eine Bewertung vor: Sortieren Sie die Aufgaben nach A-, B- und C-Aufgaben:

A-Aufgaben sind die allerwichtigsten, die unbedingt erledigt werden müssen. Sie sollten sich pro Tag allerhöchstens zwei bis drei A-Aufgaben vornehmen.

B-Aufgaben sind die sonstigen wichtigen Erledigungen.

C-Aufgaben sind diejenigen, die Sie auch liegenlassen oder delegieren können.

A-Aufgaben:

B-Aufgaben:

C-Aufgaben:

Wo liegen die Prioritäten?

Wenn Sie jeden Tag jeweils am Vorabend nach dieser Methode vorbereiten, kostet Sie das höchstens fünf Minuten – aber Sie haben am nächsten Tag deutlich mehr Zeit gespart! (Sie können auch die Liste auf Seite 106 kopieren und Ihre Aufgaben dort eintragen; betrachten Sie dabei aber die Uhrzeiten als Anhaltspunkt, und nicht als Zwang.) Sie sehen sofort, was zu tun ist und wo die Prioritäten liegen. Indem Sie die jeweilige A-Aufgabe rot markieren, wird sie auch für Ihr Unterbewußtsein unmittelbar ersichtlich. Sie selbst legen fest, was am kommenden Tag für Sie und Ihre Zukunft das Wichtigste ist. Und so viel Sie auch zu tun haben werden – diese eine A-Aufgabe können Sie immer erledigen. Damit können Sie sich automatisch jeden Abend über mindestens ein Erfolgserlebnis freuen!

(Sie können dieses tägliche Erfolgserlebnis zusammen mit Ihren drei Glücks-Erlebnissen in Ihrem Glückstagebuch notieren. So können Sie schwarz auf weiß nachlesen, wie Sie jeden Tag einen Schritt auf dem erfolgreichen Weg weiter vorankommen!)

„Ich werde diesen Tag wertvoll gestalten."

Datum: ______________________

Jahr: ______________________

6	
7	
8	
9	
10	
11	
12	
13	
14	
15	
16	
17	
18	
19	
20	
21	
22	
23	
24	

Sie gewinnen Zeit für das Wesentliche

Wenn Sie nun nach dieser Tagesplanung vorgehen, werden Sie feststellen, daß manche der C-Aufgaben, die Sie notiert haben, sich entweder von selbst erledigen oder an andere delegieren lassen. – Sie haben deutlich mehr Zeit für das Wesentliche gewonnen.

Es kommt sowieso nicht darauf an, auf möglichst vielen Töpfen gleichzeitig zu kochen – nicht die Durchschnittsleistung auf möglichst vielen Gebieten ist gefragt, sondern die Spitzenleistung auf Ihrem Spezialgebiet.

Training:

Beantworten Sie ohne falsche Bescheidenheit die folgenden Fragen:

Worin sind Sie sehr gut, sind Sie Meister?

Was können Sie besonders gut?

Wo liegen Ihre persönlichen Stärken?

Was können Sie tun, um diese Begabungen auch zum Einsatz zu bringen
a) gleich morgen?

b) in der kommenden Woche?

c) in den nächsten Monaten?

Notieren Sie sich in Ihrem Tagesplan für den morgigen Tag eine A-Aufgabe, bei der Sie Ihre beste Eigenschaft einsetzen können!

Jedes Talent entfaltet sich nur durch Betätigung.

Nehmen Sie Abschied von der alltäglichen Oberflächlichkeit, werden Sie etwas Besonderes! Schreiben Sie sich Ihre Ideen zur Entfaltung Ihrer Talente auf, denn dabei und beim Durchlesen wird Ihr Unterbewußtsein viel intensiver zur Mitarbeit angeregt, als wenn Sie nur darüber nachdenken.

Vorausdenken ist besser als „nach"denken!

Hören Sie auf, soviel „nach"zudenken, werden Sie endlich ein Meister in der Kunst des Vorausdenkens! Denken Sie ab heute mehr über Ihre Zukunft nach als über Ihre Vergangenheit. Die Vergangenheit können Sie sowieso nicht ändern! Das Planen und Vorausdenken der Zukunft ist keine Flucht aus der Wirklichkeit in irgendwelche Illusionen, sondern Sie begreifen und nutzen damit das Heute als Fundament für das Morgen. Deshalb sollten Sie sich von Ihren verschiedenen Lebensbereichen gezielte Idealvorstellungen machen.

Streben Sie nach dem Äußersten, um das Mögliche zu erreichen!

Wer das nicht tut, bleibt mit Sicherheit unter seinen Möglichkeiten. Welche Pläne haben Sie für sich, für Ihre Familie, Ihre berufliche Weiterbildung in den nächsten Jahren?

Nehmen Sie sich in den nächsten Tagen einmal Zeit für die folgende Aufgabe – es ist eine A-Aufgabe für Ihre erfolgreiche Zukunft!

Training:

Notieren Sie alle persönlichen Wünsche, Ziele und Ideen für Ihre Zukunft. Alle, auch die kleinsten, unwahrscheinlichsten, unrentabelsten – wirklich alle, die Ihnen einfallen.

Nehmen Sie sich einen großen Ordner und schreiben Sie vorne darauf: „MEINE ZUKUNFT". In diesen Ordner heften Sie als erste Rubrik die Blätter mit Ihren Wünschen ein. Hinter dieser Rubrik legen Sie die folgenden Kapitel an:

1. Beruf
2. Familie
3. Gesundheit
4. Fortbildung
5. Freizeit.

Tragen Sie dort *alles* ein, was Sie in Ihrem Leben auf diesen Gebieten noch erfahren, lernen, sehen, kaufen, erreichen, schaffen, realisieren wollen. Nehmen Sie diesen Ordner mindestens einmal pro Woche in einer ruhigen Stunde zur

Hand und aktualisieren Sie ihn: Schreiben Sie jeweils alle Gedanken und neuen Ideen dazu, die Ihnen in diesem Moment in den Sinn kommen.

Die Intuition arbeitet für Sie!

Sie werden zahlreiche Eingebungen und Intuitionen haben, so daß Sie von selbst die richtigen Schritte erkennen und auch tun werden. Ihre Wünsche und Ziele werden sich unaufhaltsam der Realisierung nähern und Wirklichkeit werden. Ihr Unterbewußtsein beginnt automatisch, kreativ zu arbeiten, sobald Sie nur an diesen Ordner denken oder ihn anschauen: *„Beachtung bringt Verstärkung!“* Ihre Intuition wird immer besser, und durch das Aufschreiben und Planen nutzen Sie Ihre persönlichen Energien optimal!

Die „Drei Diamanten“:

- Wer nicht an seine Zukunft denkt, der hat keine!
- Jedes Talent entfaltet sich nur durch Betätigung.
- Wer das Äußerste anstrebt, wird das Mögliche erreichen!

Nimm Dir Zeit

Nimm Dir Zeit, um zu arbeiten,
es ist der Preis
des Erfolges.

Nimm Dir Zeit, um nachzudenken,
es ist die Quelle
der Kraft.

Nimm Dir Zeit, um zu spielen,
es ist das Geheimnis
der Jugend.

Nimm Dir Zeit, um zu lesen,
es ist die Grundlage
des Wissens.

Nimm Dir Zeit, um fröhlich zu sein,
es ist das Tor
des Glücks.

Nimm Dir Zeit, um zu träumen,
es ist der Weg
zu den Sternen.

Nimm Dir Zeit, um zu lieben,
es ist die wahre
Lebensfreude.

Nimm Dir Zeit, um froh zu sein,
es ist die Musik
der Seele.

(Irländisches Sprichwort)

Test: Wie stark sind Sie belastet?

Ihr Kräfte-Haushalt

Wir haben viel Kraft und Energie zur Verfügung, doch diese Reserven sind, wenn wir sie nicht regelmäßig auftanken, irgendwann erschöpft. Kreuzen Sie bei den folgenden Aussagen die zutreffenden Kästchen an (ja/manchmal/nein), um herauszufinden, ob Sie es verstehen, mit Ihren Kräften optimal umzugehen.

	ja	manch-mal	nein
Ich arbeite im Durchschnitt mehr als 7 Stunden am Tag.	❍	❍	❍
Ich arbeite auch außerhalb der regulären Arbeitszeiten.	❍	❍	❍
Mein Arbeitstag ist zu kurz.	❍	❍	❍
Meine Arbeit strengt mich an.	❍	❍	❍
Ich habe auch zeitraubende Hobbys.	❍	❍	❍
Ich gehe mehr als sechsmal im Monat abends aus.	❍	❍	❍
Ich erhole mich meistens vor dem Fernseher.	❍	❍	❍
Ich habe zuwenig Urlaub.	❍	❍	❍
Ich wache nachts ab und zu auf.	❍	❍	❍
Manchmal nehme ich ein Aufputschmittel.	❍	❍	❍
Meine Familie kostet mich viel Kraft.	❍	❍	❍
Ich würde gerne auf eine einsame Insel ziehen.	❍	❍	❍

	nein	manch- mal	ja
Meine Arbeitszeit ist planmäßig eingeteilt.			
Meine Arbeitsweise ist vielseitig.			
Ich teile meine Arbeit selbst ein.			
Ich habe bei meiner Arbeit die notwendige Unterstützung.			
Mein Betriebsklima motiviert mich.			
Ich betreibe regelmäßig mentales Training.			
Ich lese Bücher/belege Kurse für meine Weiterbildung.			
Ich kann in meiner Freizeit die beruflichen Sorgen vergessen.			
Ich schlafe schnell ein und kann gut durchschlafen.			
Ich trinke höchstens drei Tassen Kaffee am Tag.			
Ich ernähre mich gesund.			
Ich treibe regelmäßig Sport.			

Auswertung:

Zählen Sie nun die Anzahl der Ja-Kreuzchen in der ersten Tabelle mit den Nein-Kreuzchen in der zweiten Tabelle zusammen und umgekehrt. Sie erhalten drei Werte:

Ja-Nein-Wert:

Manchmal-Wert:

Nein-Ja-Wert:

Liegt Ihr Ja-Nein-Wert über 12, dann müssen Sie dringend etwas unternehmen. Arbeitseinteilung ist Zeiteinteilung. Schaffen Sie mehr Zeit für die wichtigen Dinge in Ihrem Leben, treffen Sie Entscheidungen durch richtiges Planen! Erstellen Sie ganz konsequent mindestens zwei Wochen lang am Abend die Aufgabenliste für den nächsten Tag. Achten Sie vor allem auch auf Ihre Gesundheit und auf genügend Schlaf.

Liegt Ihr Ja-Nein-Wert zusammen mit dem Manchmal-Wert über 18, dann raten wir Ihnen, Ihr Mentaltraining etwas intensiver zu betreiben. Natürlich gelten die Ratschläge für eine bessere Zeiteinteilung auch für Sie; Zeit ist nicht nur Geld, Zeit sollte auch Lebensqualität sein! Vertrauen Sie auf Ihren besten Helfer, auf Ihre innere Stimme, und wiederholen Sie unser Kapitel über die Selbstmotivation (vgl. Seite 89ff.).

Haben Sie mehr als 18 Kreuze in den beiden rechten Spalten (Manchmal und Nein-Ja), dann haben Sie Ihr Leben recht gut im Griff. Pflegen Sie Ihren Körper so gut, daß Sie jederzeit eine überschäumende Vitalität erzeugen können, und behalten Sie Ihre neuen positiven Gewohnheiten bei, damit Ihre Arbeitsbelastung nicht eines Tages zur gefürchteten Überbelastung wird!

Kapitel 3: Wagen

„Mut beruht vor allem auf dem Willen, ihn zu haben."

Ellen Key

Haben Sie Mut?

Angst hindert uns am Erfolg

Viele Wünsche, Ziele, Pläne hören sich toll an – und oft fehlt uns dann der Mut, den entscheidenden Schritt zu tun und sie zu verwirklichen. Alles liegt in uns und an uns; wir haben mehr Fähigkeiten und Möglichkeiten, als wir uns jemals zutrauen – aber wenn wir nicht handeln, dann „erfolgt" auch nichts. Erfolg können wir nur dann haben, wenn wir etwas tun! Und dazu gehört eine Portion Mut, denn nichts hemmt und hindert den Menschen mehr an der Entfaltung seiner Persönlichkeit als die Angst.

Mut im entscheidenden Augenblick

Schon in der *Bibel* heißt es: *„Herr, was ich befürchtet, ist über mich gekommen."* Die Angst raubt uns kostbare Energien, blockiert unser Denken und hindert uns daran, Wege zu erkennen und Lösungen zu finden. In vielen Situationen spielt der Faktor Mut die entscheidende Rolle, zum Beispiel im Sport: Bei den meisten Sportarten sind die Voraussetzungen der Teilnehmer inzwischen nahezu identisch: Sie haben alle dieselbe technische Ausrüstung, dieselben Trainingsbedingungen, erfahrene Trainer und erstklassiges Material. Der Erfolg hängt also von der einzelnen Persönlichkeit ab, und hier ist die Frage entscheidend, wieviel Mut und Selbstbewußtsein sie im entscheidenden Moment aufbringen kann.

Training:

Notieren Sie vier oder fünf Ereignisse, bei denen Sie Ihren ganzen Mut zusammennehmen mußten, um die Situation zu bewältigen:

„Angst essen Seele auf“

Was einen Menschen auslaugt und langsam zerstört, ist nicht die Arbeit, der Streß, die Krankheit oder zuwenig Erholung, sondern es sind die inneren Faktoren, die nagenden Ängste und Sorgen: *„Angst essen Seele auf“* betitelte *Rainer Werner Fassbinder* einen seiner unvergessenen Filme. Es sind unsere negativen Erwartungen, denen wir zuviel Beachtung schenken, die uns den Spaß am Leben nehmen. Welche verheerende Wirkung Angst haben kann, verdeutlicht eine alte arabische Legende:

Die Cholera kommt in Begleitung des Todes nach Mekka und verlangt Einlaß. Der Torhüter läßt die beiden passieren und nimmt der Cholera das Versprechen ab, nicht mehr als 500 Menschen zu holen. Von allen unbemerkt, schleicht sich die Furcht in die Stadt, und am Ende sterben mehr als 1000 Menschen. „Der Cholera fielen nur 490 zum Opfer", erklärt der Tod dem Torwächter, als sie die Stadt wieder verlassen, „aber du hast nicht bemerkt, daß sich die Furcht in eure Stadt einschlich – die Furcht hat mehr Unheil angerichtet als die Cholera!"

Angst ist unser größter Feind!

Angst ist das Leck in unserer Nervenbatterie: Angst beraubt uns unserer Kraft und Energie, Angst vernichtet unsere Hoffnungen, Wünsche und Ziele, sie zerstört unsere Gegenwart und unsere Zukunft. Die Angst ist unser größter Feind, sie ist der zerstörerische Teufel in uns! Wer Angst hat, macht auch anderen Angst. Aber das Gegenteil gilt genauso:

Wer Mut hat, macht Mut!

Wer Mut hat und hinter einer Sache steht, der hat auch Lebenskraft. Wer Angst hat oder seine Kräfte damit verschleudert, gegen Realitäten anzukämpfen, kann nicht mehr zielbewußt handeln. So steht es auch in unserem *zwölften Grundgesetz der Lebensentfaltung:*

Zustimmung aktiviert Kräfte, Ablehnung vernichtet Lebenskraft.

Konzentrieren Sie sich auf Ihren Mut

Deshalb sollten Sie sich auch nicht auf Ihre Ängste konzentrieren, sondern auf Ihren Mut: Je genauer Sie Ihre Ziele abstecken und Pläne schmieden, um sie zu verwirklichen, um so bessere Voraussetzungen haben Sie, voller Mut, Tatkraft und Elan an die Umsetzung zu gehen, um so geringer wird Ihre Angst und um so größer Ihre Zuversicht. Wer seine Zukunft plant, der weiß, was auf ihn zukommt, und braucht sich vor dem Morgen nicht zu fürchten.

Ich lebe – ich bin – ich will – ich kann – ich handle!

Jeder Mensch besitzt genügend Ressourcen – wir müssen die Dinge nur angehen, sie „wagen"! Dieser Schritt ist der letzte in einer Reihe von Bewußtwerdungsprozessen, die ihren Anfang nehmen in der existentiellen Gewißheit *„Ich lebe"*. Aus der Entwicklung unseres Selbstbewußtseins entspringt dann als Folge das *„Ich bin"*, und wenn wir uns als Konsequenz dieses Seins mit unseren Wünschen auseinandersetzen, entsteht ein *„Ich will"*, das sich aus der Überzeugung von der eigenen Willenskraft entwickelt zum *„Ich kann"*. Und hier folgt der letzte, der alles entscheidende Schritt von der Theorie zur Praxis, von der Idee zum Erfolg: *„Ich handle!"*

Wer wagt, gewinnt!

Dieser letzte Schritt erfordert den Mut zur Umsetzung, und gleichzeitig verdeutlicht er die Möglichkeiten, die jeder einzelne von uns hat: Wir können den göttlichen Funken in uns, die Kraft und Energie, die der gesamten Schöpfung innewohnt, jederzeit für unseren persönlichen Erfolg nutzen.

Wer mutig ist, denkt voller Optimismus an seine Zukunft.

Ein solcher Mensch hat große Pläne, will noch viel erreichen in seinem Leben und traut sich auch an neue Aufgaben heran. Können Sie auch so zukunftsweisend denken?

Training:

Überprüfen Sie anhand der folgenden Fragen, wie es um Ihre Tatkraft und Ihren Mut bestellt ist, und nennen Sie, soweit möglich, konkrete Beispiele:

1. Beruf:
Beurteilen Sie Ihre Arbeit aus der Einstellung heraus: „Wie kann ich sie besser machen?"
Loben Sie Ihre Firma, die Mitarbeiter und die Produkte bei jeder möglichen Gelegenheit?
Sind Ihre persönlichen Maßstäbe im Hinblick auf Quantität und Qualität Ihrer Arbeit jetzt höher als vor drei oder sechs Monaten?
Geben Sie Ihren Mitarbeitern ein erstklassiges Beispiel?

2. Familie:
Ist Ihre Familie heute glücklicher als vor drei oder sechs Monaten?
Verfolgen Sie einen Plan, um den Lebensstandard Ihrer Familie zu verbessern?
Hat Ihre Familie viele anregende Beschäftigungen außer Haus?
Geben Sie Ihren Kindern das positive Beispiel eines mutigen Menschen?

3. Persönlichkeit:
Können Sie ehrlich behaupten, daß Sie heute ein wertvollerer Mensch sind als vor drei oder sechs Monaten?
Führen Sie ein systematisches „Selbstverbesserungsprogramm" durch, um Ihren Wert für sich und für andere zu steigern?
Haben Sie zukunftsorientierte Pläne für mindestens fünf Jahre im voraus?
Sind Sie in jeder Organisation, der Sie angehören, ein nützliches, förderliches Mitglied?

Angst und Furcht lähmen die Kräfte, Mut und Tatkraft verdoppeln sie!

„Denke immer daran, daß deine eigene Entschlossenheit, erfolgreich zu sein, wichtiger ist als alles andere!"

sagte *Abraham Lincoln;* und diese Entschlossenheit, erfolgreich zu sein, ist es auch, die uns immer wieder zum Handeln treibt. Sehen Sie sich die folgende Gegenüberstellung genau an, und dann entscheiden Sie: Auf welcher Seite wollen Sie stehen?

Der ängstliche Mensch	Der freie, mutige Mensch
wirkt unsicher und gehemmt	strahlt Sicherheit aus
lebt in sich hinein	lebt aus sich heraus
hält Emotionen zurück	drückt Emotionen aus
spricht ohne Gefühl	spricht mit Gefühl
meidet den Umgang mit anderen	sucht den Umgang mit anderen
ist körperlich verkrampft	ist körperlich entspannt
sucht nach Erkenntnissen	sucht nach Erfahrungen
ist mutlos und lustlos	hat Mut und Energie
ist unzufrieden	ist zufrieden
fühlt sich unglücklich	fühlt sich glücklich
kann sich nicht entfalten	kann sich gut entfalten
ist erfolglos	ist erfolgreich
ist nervös und aufgeregt	ist ruhig und gelassen
sucht die Schuld bei anderen	sucht die Schuld bei sich selbst
denkt selbstsüchtig	denkt sozial
lebt in der Phantasie	lebt in der Wirklichkeit
pflegt Tagträume	pflegt tätiges Handeln
ist passiv-zurückhaltend	ist aktiv
ist leicht beeinflußbar	kann andere beeinflussen
spricht leer und leblos	spricht sinnvoll und lebhaft
neigt zum Lügen	ist wahrhaftig
wird nicht anerkannt	wird überall anerkannt
ist meist kränklich	ist meist gesund
wird selten reich	kommt zu Wohlstand
hat wenig Lebensfreude	genießt das Leben
hat eine ängstliche Stimme	klingt entschlossen und selbstbewußt
verpaßt oft seine Chancen	ergreift seine Chancen
meidet andere Menschen	sucht und findet zahlreiche Kontakte
ist egozentrisch	ist ein weiser Egoist

Ich bin ein ____________ Mensch.

Die besten Ideen nützen nichts, wenn Mut und Tatkraft für die praktische Umsetzung fehlen. Wenn Sie die folgenden Aussagen verinnerlichen, wird sich Ihr Mutpotential stetig erhöhen:

Stärken täglich weiterentwickeln

1. Machen Sie sich bewußt, daß Sie Ihre persönlichen Stärken jeden Tag weiterentwickeln können. Sich seiner selbst bewußt zu sein heißt, den Zufall auszuschalten und sich selbst mit neuem Mut auszustatten.

Angst in Mut umwandeln

2. Angst ist Energie, die Sie genausogut auch positiv für sich arbeiten lassen können! Angst bedeutet Unsicherheit und Unkenntnis, wie sich die Dinge entwikkeln werden. Doch genau darin liegt auch die Chance: Sich mit Mut für den richtigen Weg zu entscheiden und ihn zu gehen.

Mit Schubkraft Ziele realisieren

3. Mut dient als Schubkraft, Ziele zu realisieren, und fördert das Selbstvertrauen sowie die Konzentration auf das Wesentliche.

Keine Zeit vertrödeln

4. Mit neuem Mut gelingt jeder Start ins Handeln leichter. Lehnen Sie es ab, weiterhin die Zeit zu vertrödeln, bevor Sie mit etwas beginnen. Mut spart Zeit!

Charisma gewinnen

5. Mut heißt Lebenskraft, die Ihnen jeder sofort am Gesicht ablesen kann – Mut bedeutet Charisma!

Den eigenen Namen deutlich und selbstsicher aussprechen

6. Ihr Name wird künftig ein Symbol für Mut und Einsatzbereitschaft sein. Sprechen Sie Ihren Namen immer mutig und selbstsicher aus, damit geben Sie Ihrem Leben den richtigen Schwung.

An Ausstrahlung gewinnen

7. Mut verändert Ihre Körpersprache und Ausdruckskraft, Mut verbessert Ihre Gesundheit. Mut verleiht Ihnen die Ausstrahlung einer Persönlichkeit, die nicht nur redet, sondern auch erfolgreich handelt.

8. Mut schenkt Ihnen Zufriedenheit und einen Blick für den Sinn Ihres Lebens. Sie können besser mit den Meinungen anderer umgehen und vertreten gleichzeitig Ihre eigenen Ideen mit Nachdruck und Engagement.

Mehr Zufriedenheit

9. Zu vielen Taten gehört der Mut unabdingbar dazu. Mut ist eine Qualität Ihrer Persönlichkeit, die Sie bei allen Gelegenheiten noch intensivieren können.

Mehr Persönlichkeit

10. Fassen Sie immer wieder neuen Mut, und lernen Sie dabei sich selbst noch besser kennen. Loten Sie Ihre Grenzen immer wieder neu aus.

Sich selbst besser kennenlernen

Ein mutiger Mensch hat Selbstbewußtsein; er strahlt Optimismus und Zuversicht aus und steigert unaufhaltsam seine Kreativität, seinen Erfolgswillen und seinen Tatendrang. Er arbeitet konzentriert an der Verwirklichung seiner Pläne und besiegt dabei innere und äußere Widerstände. Er hat keine Angst vor der Zukunft, weil er weiß: Er wird sie selbst gestalten!

Mit Mut die Zukunft selbst gestalten

Für unsere persönliche Weiterentwicklung ist mutiges Denken, Planen und Handeln der entscheidende Faktor. Mutig sein heißt dabei nicht „waghalsig sein"; Mut vermeidet das unkalkulierbare Risiko und nimmt statt dessen unsere Ideen ernst, stützt sich auf unsere optimistischen Pläne und führt uns mit innerer Ruhe und Festigkeit zum Ziel.

Die „Drei Diamanten“:

- Wer mutig ist, denkt voller Optimismus an seine Zukunft.
- „Denke immer daran, daß deine eigene Entschlossenheit, erfolgreich zu sein, wichtiger ist als alles andere!“
- Mut spart Zeit und Kräfte für das Wesentliche.

Die Macht der Begeisterung

Begeisterung aktiviert die Körperfunktionen

Ein begeisterter Mensch ist voll und ganz von dem überzeugt, was ihn fasziniert; er zieht keine Vergleiche. Er ist sicher, daß er seine Ziele erreichen kann, und diese Sicherheit strahlt er auch aus. Doch Begeisterung wirkt nicht nur nach außen: Wer begeistert ist, leidet weniger unter nervösen Spannungen, die Begeisterung verbessert den Stoffwechsel, regt den Kreislauf an, fördert die Verdauung und erweckt allgemeines Wohlbefinden.

Die bestmögliche Motivation

Wer an seine Ziele glaubt und von ihnen begeistert ist, der verfügt über die bestmögliche Motivation. Er kann auch andere Menschen für seine Pläne begeistern und sie dazu motivieren, in seinem Sinne zu agieren:

Jede Flamme, die brennt, kann auch andere entzünden.

Durch Begeisterung können Sie andere Menschen

aktivieren
anfeuern
anspornen
aufbauen
aufmuntern
becircen
beeindrucken
beflügeln
beleben
bestricken
betören
bezaubern
einstimmen
entfesseln
entflammen
entzücken
entzünden
erfüllen
faszinieren
freudig stimmen
in Ihren Bann ziehen
inspirieren
mitreißen
mobilisieren
motivieren
neugierig machen
stimulieren

Training:

Denken Sie an eine Situation, in der Sie von etwas vollkommen begeistert waren: Wie haben Sie sich gefühlt? Notieren Sie mindestens 15 Stichwörter!

Lieben und Siegen

Die reinste Form der Begeisterung ist die Liebe: Wer einen Menschen liebt, ist restlos von ihm begeistert. Wer in seinem Inneren das Feuer der Begeisterung entfacht, der denkt, fühlt und handelt auch voller Begeisterung und Optimismus. Er hat die Einstellung eines Siegers und kann jeden Sieg erringen – sogar den Sieg über sich selbst!

Was Sie denken und glauben, das strahlen Sie auch aus. Diese Ausstrahlung, dieses Charisma ist der schnellste und direkteste Weg zum Mitmenschen; es läßt sich über die Bereitschaft zur inneren Arbeit an sich selbst entwickeln und einsetzen. Charisma ist die Kunst, andere zu verzaubern; an ihrem Charisma erkennt man echte Vorbilder.

Training:

Welche drei Menschen sind Ihre Vorbilder? Nennen Sie Gründe; versuchen Sie festzustellen, worin deren Charisma besteht!

Andere motivieren

„Menschen führen heißt, einen Menschen zu veranlassen, das zu tun, was man will – weil er selbst es will“, sagte *Dwight D. Eisenhower.* Begeisterung ist das beste Mittel, andere dazu zu bringen, Sie zu unterstützen. Mit Begeisterung beeinflussen Sie Ihre Mitmenschen, ohne sie zu dominieren. Sie motivieren Sie auf dem einfachsten und direktesten Weg, das zu tun, was Ihnen wichtig ist.

Vorbilder weisen den Weg

Nur wenn Sie selbst sich an einem oder mehreren Vorbildern orientieren, können Sie Vorbild für andere sein und andere mitreißen. Wer Vorbilder hat, der hat auch Ziele, die zu erreichen sich lohnt. Vorbilder zeigen uns, wie es sein wird, wenn auch wir eines Tages an unserem Ziel ankommen.

Indem wir bewährte Verhaltensweisen adaptieren, machen wir es uns gleichzeitig ein wenig leichter auf unserem Weg zum Ziel. Ein Vorbild ist immer verbunden mit Visionen und Plänen; ein Vorbild ist automatisch ein Motivator, weil er andere zur Nachahmung anspornt.

Charisma und Motivation

Charisma und Motivation machen eine solche Person zur Persönlichkeit. Diese Eigenschaften hängen eng miteinander zusammen und entstehen aus dem Feuer der Begeisterung. Die effektivste Methode, dieses innere Feuer zu entzünden und als leuchtende Flamme zu erhalten, ist der Weg über das Unterbewußtsein.

Training:

Wenn Sie Ihre Begeisterungskraft verstärken wollen, dann lernen Sie die folgende Autosuggestion auswendig. Wiederholen Sie diese täglich viermal, damit sie tief in Ihrem Unterbewußtsein wirken kann:

„Ich bin fest entschlossen,
die Chancen meines Lebens zu nutzen.
Da ich meine Ziele sehr liebe, entzünde ich
in mir das Feuer der Begeisterung.
Dieses Feuer der Begeisterung schafft in mir die
körperlichen und seelischen Voraussetzungen für
meinen persönlichen Erfolg.
Immer konzentrierter wird mein Verhalten; meine
Begeisterung drängt mich zum Handeln.
Ich habe ein Recht auf Erfolg, weil ich ihn nutze zum
Vorteil der Menschen.
Das Feuer der Begeisterung ist der Beweis dafür, daß
ich kein Schattendasein führe.
Meine Begeisterung hilft mir,
größte Ziele zu erreichen.“

Voller Begeisterung streben wir nach dem Äußersten, um das Mögliche zu erreichen. Der große Dirigent *Herbert von Karajan* sagte einmal: *„Wer behauptet, alles erreicht zu haben, hat sich nie große Ziele gesteckt.“* Die Prüfungen und Herausforderungen unserer Zeit können wir nur bewältigen, indem wir mit Optimismus, Mut, Begeisterung und Liebe unsere Ziele verfolgen. Diese Eigenschaften garantieren die innere Weiterentwicklung und legen ungeahnte Ressourcen in uns frei:

Der Optimist wächst mit seinen Aufgaben!

Begeisterung ist der wichtigste Faktor, der Ihnen hilft, Ihre Ziele zu erreichen:

- Begeisterung unterstreicht Ihren festen Glauben und Ihre Überzeugung.
- Begeisterung motiviert die Menschen zum Handeln.
- Begeisterung verwandelt negative Aspekte und bringt

wie ein Laserstrahl positive Argumente zum Leuchten.

- Begeisterung macht Sie anziehend für andere Menschen.
- Begeisterung nimmt einem Befehl die Härte.
- Begeisterung ist der Schlüssel, der Ihnen Tür und Tor öffnet.
- Begeisterung heißt, Menschen zu beeinflussen, ohne zu dominieren – wer Menschen begeistern kann, kann auf Zwang verzichten.
- Begeisterung heißt, daß Sie Farbe bekennen.
  Durch Begeisterung können Sie die Gedanken und Gefühle anderer in die Richtung lenken, die Ihnen angenehm ist; sie ist ein Mittel, andere zu veranlassen, Sie zu unterstützen.
- Begeisterung erweckt Begeisterung und Zuversicht.
- Begeisterung läßt keine Langeweile aufkommen.
- Ein begeisterter Mensch zieht keine Vergleiche.
- Begeisterung verleiht Ihnen Glanz und ist ein Zeichen dafür, daß Sie kein Schattendasein führen.

Die „Drei Diamanten“:

► Jede Flamme, die brennt, kann auch andere entzünden.
► Der Optimist wächst mit seinen Aufgaben!
► Begeisterung ist der Schlüssel, der Ihnen Tür und Tor öffnet.

Bleiben Sie am Ball – Mit Ausdauer zum Erfolg

Demokrit hat es seinerzeit so formuliert: *„Es werden mehr Menschen durch Übung tüchtig als durch Naturanlage.“* Und *Anna Pawlowa* meinte: *„Niemand kann es* *mit Talent allein zu etwas bringen. Talent ist eine Gottesgabe; erst harte Arbeit macht daraus Genialität."*

Werden Sie auf Ihrem Gebiet der/die Beste!

Das zeigt sich immer wieder in den Lebensläufen großer Genies, erfolgreicher Sportler, berühmter Politiker, Manager und so weiter: Wer seine Aufmerksamkeit voller Optimismus und Begeisterung auf seine Stärken richtet, kann die größten Erfolge verbuchen. Die Meisterschaft besteht nicht darin, möglichst vielseitig zu leben, sondern auf seinem Gebiet der Beste zu werden. Und dieses Ziel erreichen wir nur durch konsequentes Üben, Praktizieren, Wiederholen und Verbessern.

Training:

In welchen Situationen fällt es Ihnen schwer, die Ausdauer aufzubringen, die eigentlich nötig wäre, um Erfolg zu haben? Können Sie sich vorstellen, woran das liegt?

Ein klares Ziel und Ausdauer garantieren den Erfolg.

Dieser Merksatz gilt nicht nur für unser Handeln, sondern auch für die Gedanken, mit denen wir uns beschäftigen: Durch die konsequente Wiederholung finden sie leichter Zugang zu unserem Unterbewußtsein, und dieses kann uns um so intensiver unterstützen, Lösungen und Umsetzungsmöglichkeiten zu finden.

Durch die Wiederholung verdichtet sich die Gedankenenergie, besagt das *dreizehnte Grundgesetz der Lebensentfaltung:*

Die ständige Wiederholung einer Idee wird erst zum Glauben, dann zur Überzeugung – auch in negativer Hinsicht.

Ausdauerndes positives Denken löscht negative Prägungen

Achten Sie deshalb darauf, daß sich keine negativen Überzeugungen in Ihren Gedanken festsetzen. Sie lassen sich nicht so einfach wieder hinausdrängen; sie verschwinden erst, wenn Sie sich mit positiven, entgegengesetzten Suggestionen beschäftigen – und hierin die größtmögliche Regelmäßigkeit und Ausdauer aufbringen! Indem Sie konstruktive, optimistische Gedanken beharrlich wiederholen, löschen Sie im Laufe der Zeit die destruktiven, negativen Prägungen aus. Konzentrieren Sie sich auf das, was Sie wirklich können, und Sie werden die schlechten, zeitraubenden Angewohnheiten los: *„Eine schlechte Angewohnheit kann man nicht einfach aus dem Fenster werfen; man muß sie die Treppe hinunterboxen, Stufe für Stufe“*, wußte schon *Mark Twain.*

Wiederholung führt also nicht zur Langeweile, sondern im Gegenteil zur Perfektion:

Glaube führt zur Tat.
Konzentration führt zum Erfolg.
Wiederholung führt zur Meisterschaft.

besagt unser *vierzehntes Grundgesetz der Lebensentfaltung.* Durch die Ausdauer, die Sie in der Wiederholung an den Tag legen, werden innere Widerstände abgebaut; was vorher unglaublich, unvorstellbar, unmöglich erschien, wird auf einmal erreichbar! Jede Wiederholung eines Gedankens oder einer Tätigkeit schafft noch größere Vertrautheit. Energien entstehen, die in neue kreative Gedanken münden; das Unterbewußtsein arbeitet immer effektiver mit, und Ihr Optimismus wächst mit Ihrem Charisma um die Wette.

Das ständige Wiederholen positiver Gedanken läßt Sie spielend über sich selbst hinauswachsen. Eine Pflanze, die nur einmal gegossen wird, kann sich auch nicht zu einem Prachtexemplar entwickeln; dazu benötigt sie regelmäßige Pflege und Zuwendung. Setzen Sie deshalb auch regelmäßige Wachstumsreize für Ihre innere Weiterentwicklung! Praktizieren Sie Ihre Meditationen mit Ausdauer, und sprechen Sie konsequent Ihre täglichen Suggestionen:

Jede Wiederholung ist eine Vertiefung.

Training:

Lesen Sie sich die folgende Autosuggestion laut vor und wiederholen Sie diese regelmäßig:

„Durch Wiederholung wird das Schwerste leicht.
Mein Fingerspitzengefühl und mein sechster Sinn
entwickeln sich von Tag zu Tag weiter.
Mein Unterbewußtsein arbeitet immer präziser.
Ich werde automatisch immer erfolgreicher."

Anerkennung von außen

Ein weiterer wichtiger Aspekt sind in diesem Zusammenhang auch die Reaktionen, die aus unserer Umgebung erfolgen: Je besser wir etwas machen, um so größer ist natürlich die Anerkennung, die uns die Umwelt schenkt. Sie spornt uns an zu noch größeren Erfolgen, ein positiver Kreislauf setzt sich in Gang.

Auch wir haben die Möglichkeit, die Menschen in unserer Umgebung darin zu unterstützen, sich zu entfalten und immer bessere Leistungen zu erbringen: Ein positives Feedback setzt oft noch größere Kräfte frei. Wenn wir keine Resonanz auf unsere Erfolge erfahren, geht die Motivation verloren, unser Leistungspotential zu pflegen und zu vergrößern, und schließlich bleiben auch die Leistungen und Erfolge aus.

Loben Sie Ihre Mitmenschen!

Deshalb sollten Sie sich vornehmen, mindestens dreimal am Tag anderen Menschen etwas Lobendes, Aufmunterndes zu sagen. Helfen Sie Ihren Mitmenschen, ihre inneren Potentiale zu entwickeln. Wenn Sie die Achtsamkeit für die Erfolge anderer Menschen erhöhen, wird es Ihnen bald zur Gewohnheit werden, den Erfolg überall zu erkennen. Beweisen Sie auch Ausdauer darin, anderen Ihre Anerkennung zu äußern – Sie freuen sich auch, wenn Sie gelobt werden!

Positive Effekte der Wiederholung

Je öfter wir eine Tätigkeit (oder zu Anfang auch einen Gedanken, einen Wunsch oder eine Zielvorstellung) wiederholen, um so deutlicher werden die positiven Effekte:

- Durch Wiederholung wird theoretisches Wissen zur praktischen Erfahrung.
- Ihr persönliches Können steigert sich; Sie werden sicherer und zuverlässiger.
- Die Leistung als solche wird von Mal zu Mal besser.
- Jede Wiederholung setzt neue Gedanken- und Handlungsenergie frei.
- Ihr Unterbewußtsein arbeitet immer präziser mit.
- Sie entwickeln Ihre Fähigkeiten zur Perfektion!

Anfangen kann jeder – doch nur durch die Ausdauer wird man zum König!

Wenn Menschen scheitern, dann liegt dies nicht daran, daß sie keine guten Vorsätze oder Ziele hatten, sondern weil ihnen die Ausdauer fehlte, diese wertvollen Vorsätze konsequent durchzuführen.

Training:

Kennen Sie Menschen, die es durch Übung und beharrliche Wiederholung zur Meisterschaft gebracht haben? Bitte schreiben Sie drei Personen auf:

Erfolg ist wiederholbar

Überdies gilt: Wer Erfolg hat und weiß, wodurch er diesen Erfolg ausgelöst und verursacht hat, der kann ihn jederzeit wiederholen! Erfolg „erfolgt“ nach bestimmten Gesetzen – den *Grundgesetzen der Lebensentfaltung*. Deshalb sollten Sie diese Grundgesetze solange wiederholen und auswendig lernen, bis sie fest in Ihrem Unterbewußtsein verankert sind.

Training:

Notieren Sie drei Situationen, in denen Sie besonders erfolgreich waren. Welche Gesetze hatten Sie befolgt, damit der Erfolg eintreten konnte? Werden Sie diese Erfolge wiederholen oder auf andere Tätigkeiten übertragen?

Erfolg beginnt mit dem optimistischen Gedanken an Erfolg.

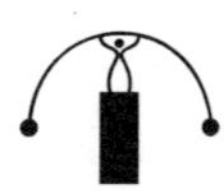

Wer nicht von Anfang an von seinem Erfolg überzeugt ist, wird ihn auch nicht erreichen. Optimisten haben mehr Erfolg. Einer der zahlreichen Gründe dafür ist, daß Optimisten nicht so schnell aufgeben. Das hat *Martin Seligman* erkannt:

„Ein optimistischer Mensch ist beharrlich. Wenn er die alltäglichen Rückschläge und sogar die größeren Fehlschläge im Leben erleidet, bleibt er beharrlich. Wenn er bei der Arbeit auf ein Hindernis stößt, macht er

trotzdem weiter, vor allem an dem entscheidenden Punkt, an dem auch seine Konkurrenz auf das Hindernis stößt und schlappzumachen beginnt."

(Seligman, 1991, S. 315)

Die „Drei Diamanten":

- Ein klares Ziel und Ausdauer garantieren den Erfolg.
- Jede Wiederholung ist eine Vertiefung.
- Anfangen kann jeder – doch nur durch die Ausdauer wird man zum König!

Ein Mißerfolg ist keine Katastrophe

Probleme sind kein Zeichen von Schwäche

„Lehne es nicht ab, das Negative zur Kenntnis zu nehmen. Weigere dich lediglich, dich ihm zu unterwerfen", sagte *Norman Vincent Peale*. Kein Mensch ist so vollkommen, daß ihm alles gelingt. Probleme und Schwierigkeiten zu haben ist kein Zeichen von Schwäche oder Minderwertigkeit, sondern ein ganz normaler Aspekt des Lebens. Die Menschen unterscheiden sich allerdings darin, wie sie mit diesen Schwierigkeiten zurechtkommen und Hindernisse überwinden.

Viele Schwierigkeiten nehmen wir als solche überhaupt nicht wahr, weil sie uns alltägliche, vertraute Aufgaben geworden sind. Erst wenn uns ein größeres Problem überrascht, fühlen wir uns einen Moment lang überfordert. In solchen Situationen merken wir, ob wir darauf vorbereitet sind, mit Krisen fertigzuwerden. Je eher wir grundsätzlich akzeptieren, daß das Leben nicht immer reibungslos verläuft, um so mehr steigern wir unsere Belastbarkeit und lassen uns von Kleinigkeiten nicht aus der Ruhe bringen.

Optimist oder Pessimist?
Das ist hier die Frage ...

Die Erfolgsquote: 6:4

Nach dem „Gesetz der großen Zahl“ liegt die Erfolgsquote bei 6:4. Das bedeutet, daß wir damit rechnen müssen, daß auf zehn Handlungen sechs Erfolge kommen und vier Mißerfolge. Um sechs Tätigkeiten erfolgreich auszuführen, um sechs Ziele zu erreichen, müssen wir also mindestens zehn Unternehmungen starten.

Seine Ziele nicht zu erreichen ist weniger schlimm, als überhaupt keine Ziele zu haben!

Enttäuschung: ja – Entmutigung: nein!

Die Enttäuschung über einen Fehlschlag ist berechtigt und steht jedem Menschen zu; es wird im Leben immer wieder Mißerfolge und Probleme geben – aber aus der Enttäuschung darf keine Entmutigung werden! Ein Mißerfolg sollte uns dazu motivieren, beim nächsten Ansatz besser vorbereitet zu sein oder vielleicht einen anderen Weg zu gehen. Doch er darf uns nicht verunsichern und in grundsätzliche Zweifel stürzen. Wir müssen immer wieder von neuem Mut fassen und unsere Ziele voller Optimismus weiterverfolgen.

Hinfallen ist keine Schande, aber Liegenbleiben ist verachtenswert!

Probleme als Herausforderungen betrachten

Optimisten haben grundsätzlich eine positive Einstellung gegenüber Problemen: Sie betrachten sie nicht als etwas, woran sie scheitern könnten, sondern als eine Herausforderung, an der sie sich messen, an der sie wachsen können. Ein Optimist hat ein Ziel, und er vertraut auf seine Fähigkeit, dieses Ziel zu erreichen. Sobald er sich auf den Weg zu diesem Ziel macht, ist es unvermeidlich, daß er dabei Hindernisse überwinden muß. Die Probleme, die unterwegs auftauchen, geben ihm die Chance zu zeigen, wie fähig er ist. *Albert Schweitzer* sagte einmal: *„Selbst wenn du das Beste willst, darfst du nicht davon ausgehen, daß andere dir Steine aus dem Weg räumen, nein, selbst wenn du das Beste willst, mußt du davon ausgehen, daß andere dir immer wieder neue Steine in den Weg legen."*

Sind wir selbst das Problem?

Manchmal liegt das Problem auch an uns selbst. Wenn wir anders veranlagt wären, einen anderen Charakter hätten, auf andere Art reagieren könnten, dann hätten wir vielleicht mit dieser bestimmten Situation gar kein Problem. Die Frage ist oftmals: Habe ich ein Problem – oder bin ich selbst das Problem?

Training:

Notieren Sie drei Situationen, die in der letzten Zeit für Sie problematisch waren. Wie hätten Sie diese Situationen lösen können, wenn Sie jemand anders gewesen wären und anders reagiert hätten?

Kein Problem ist „ein" Problem

Viele Probleme lassen sich bei genauem Hinsehen in mehrere Teilprobleme aufspalten – und verlieren dadurch an Gewicht. Gehen Sie einfach davon aus, daß ein Problem auf verschiedenen Ebenen angesiedelt ist, und nehmen Sie dann eine Ebene nach der anderen in Angriff. Beginnen Sie mit dem einfachsten Aspekt, und steigern Sie sich dann bis zum Kern des Problems. So gewinnen Sie Vertrauen in Ihre Fähigkeit, die Situation zu bewältigen, und wagen sich an immer größere Aufgaben heran.

Erfolg ist die Fähigkeit des Optimisten, Probleme nur in Verbindung mit ihren Lösungen zu sehen – in jedem Problem liegt der Ansatz zu seiner Lösung bereits verborgen. Im Grunde können wir sagen:

Erfolge sind gelöste Probleme.

Schicksalsschlägen ins Auge schauen

Nun gibt es aber nicht nur die kleinen alltäglichen Probleme, sondern auch die Ereignisse, die uns als vehemente Schicksalsschläge treffen, auf die wir beim besten Willen nicht vorbereitet sind. Im Leben eines jeden Menschen gibt es Niederlagen, denen er nicht ausweichen kann, Tiefschläge, die ihn körperlich und seelisch aus der Bahn werfen. Auch hier unterscheidet sich der Optimist wieder deutlich vom Pessimisten: Der Optimist stellt sich der Herausforderung und nimmt sie an. Er weiß: Der Erfolg liegt in der Überwindung von Widerständen, und die größten Widerstände sind oftmals die innerlichen.

Mißerfolge sind Warnsignale

Ein Optimist betrachtet Mißerfolg und Unglück als Warnsignale, die uns einen Hinweis darauf geben, wo wir etwas grundsätzlich verändern müssen. Er übernimmt Verantwortung für die schwierige Situation und versucht alles, um eine Lösung zu finden. Selbst in der schlimmsten Krise gelingt es einem Optimisten meistens, von der Verzweiflung umzuschalten auf kreatives, konstruktives Lösungs-Findungs-Denken. Als wirksame Suggestion dient ihm der Satz:

„Ich kann es gar nicht erwarten, bis sich etwas Gutes daraus entwickelt.“

Aus dieser Einstellung heraus verkraftet er auch einen größeren Rückschlag, denn er weiß, daß er daraus etwas lernen kann und daß die Anzahl der Erfolge immer überwiegt – 6 zu 4! Die Gewißheit, die auf seinen Erfahrungen beruht, und das Vertrauen auf seine eigenen Kräfte unterscheiden ihn grundsätzlich von einem Erfolgsneurotiker. Dieser glaubt nämlich, er habe das ultimative Erfolgsrezept, den Stein der Weisen, gefunden und müsse nun immer erfolgreich sein. Doch spätestens angesichts des ersten kleinen Mißerfolgs scheitert er und ist ratlos.

Training:

Denken Sie einmal an den größten Mißerfolg zurück, den Sie je in Ihrem Leben einstecken mußten. Was haben Sie aus jener Situation gelernt? Inwiefern sind Sie daran gereift? Wie würden Sie reagieren, wenn Ihnen das gleiche morgen noch einmal widerfahren würde?

Probleme sind Chancen

Dr. Schuller zitiert in seinem Buch „Erfolg kennt keine Grenzen“ einen japanischen Firmenchef, dessen Geschäfte unter der Rezession so stark gelitten hatten, daß sein Marktanteil empfindlich geschrumpft war. Dieser erklärte seinen Führungskräften: *„Wir stehen vor dem* *größten Problem seit Gründung der Firma, und das ist gut so! Diese Probleme sind nämlich wie Schmerzen, die der Körper verspürt. Die Natur hat uns dieses Frühwarnsystem geschenkt, das die Notwendigkeit einer Änderung signalisiert.“* „*Dieser Mann*“, so Schuller weiter, „*betrachtete seine Probleme als Chance, das Hindernis als Gelegenheit, den Augenblick der Wahrheit als Sternstunde. Wir alle können lernen, aus unseren Schwierigkeiten Nutzen zu ziehen, Frustrationen als eine fruchtbare Erfahrung zu betrachten. Das Problem bietet uns in Wirklichkeit eine Möglichkeit, auf Schwächen im System aufmerksam zu werden und daraus wichtige und unschätzbar wertvolle Informationen abzuleiten.*“

(Schuller, 1993)

Humor ist Lebensenergie

Ein Optimist ist davon überzeugt, daß sich jedes Problem irgendwie bewältigen läßt, daß jede Krise einmal ein Ende hat und jeder Mißerfolg doch auch irgendeinen kleinen Nutzen bringt – man muß den Weg nur sehen wollen! Vielleicht gibt es einen Menschen, der helfen kann, die Lösung zu finden, vielleicht nützt es schon, eine Zeitlang abzuwarten – vielleicht hilft auch ein wenig Humor. Humor ist reine Lebensenergie; doch nur wer diese Energie auch nutzt, kann mit ihrer Kraft etwas bewegen. Humor ist eine der wichtigsten Eigenschaften des erfolgreichen Optimisten. „*Humor ist, wenn man trotzdem lacht*“, lautet die zu Recht vielzitierte Lebensweisheit von *Otto Julius Bierbaum*.

Humor ist die Kraft, die uns hilft, Schicksalsschläge zu überwinden.

Die „Drei Diamanten“:

- Seine Ziele nicht zu erreichen, ist weniger schlimm, als überhaupt keine Ziele zu haben!
- Hinfallen ist keine Schande, aber Liegenbleiben ist verachtenswert!
- Erfolge sind gelöste Probleme.

Test: Wie mutig sind Sie?

Ihre innere Einstellung spiegelt sich in Ihrem äußeren Auftreten wider. Untersuchen Sie anhand der folgenden Fragen, ob Sie auf andere Menschen einen mutigen, entschlossenen Eindruck machen oder ob Sie eher wie ein schüchternes, unsicheres Mauerblümchen wirken. Kreuzen Sie bitte jeweils die zutreffende Spalte an:

	ja	manchmal	nein
Ich beginne ein Gespräch mit einem sympathischen Lächeln.	❍	❍	❍
Mein Händedruck ist angenehm fest und selbstsicher.	❍	❍	❍
Ich beherrsche meine Gesichtszüge.	❍	❍	❍
Mein Körper bewegt sich harmonisch.	❍	❍	❍
Ich mache weder zu kleine noch zu große Schritte.	❍	❍	❍
Meine Augen erforschen den Gesprächspartner.	❍	❍	❍

Ich wirke auf andere schwungvoll und interessiert.	○	○	○
Meine Bewegungen sind kontrolliert und konzentriert.	○	○	○
Ich spreche auch vor einer Gruppe frei und natürlich.	○	○	○
Mein sicheres Auftreten führt mich immer wieder zum Erfolg.	○	○	○
Ich rechtfertige mich selten.	○	○	○
Andere Menschen sind fasziniert von mir.	○	○	○
Meine ersten Worte sind laut und deutlich.	○	○	○
Ich respektiere die Distanzbereiche anderer Menschen.	○	○	○
Meine Gesten und Bewegungen wirken stimmig.	○	○	○
Ich bin eine Persönlichkeit.	○	○	○
Meine Gedanken sind klar und logisch.	○	○	○
Ich setze mein Mienenspiel in Gesprächen ganz bewußt ein.	○	○	○
Meine Körpersprache ist zwanglos und selbstsicher.	○	○	○
Ich laufe weder zu schnell noch zu langsam.	○	○	○
Meine Lieblingsbewegungen wirken natürlich und charmant.	○	○	○
Ich schaue andere Menschen offen und freundlich an.	○	○	○
Meine Schultern sind gerade und entspannt.	○	○	○
Ich trete sehr selbstbewußt auf.	○	○	○

Mein sprachlicher Ausdruck ist präzise und sachlich.	❍	❍	❍
Während eines Gesprächs habe ich konstanten Augenkontakt.	❍	❍	❍
Ich wirke auf andere entspannt und gelassen.	❍	❍	❍
Wenn es sein muß, breche ich auch in einen Distanzbereich ein.	❍	❍	❍
Ich weiß, was mir wichtig ist, und das kann ich auch vermitteln.	❍	❍	❍
Meine Ausstrahlung entspricht meinem natürlichen Wesen.	❍	❍	❍

Auswertung:

Zählen Sie nun die Anzahl der Kreuzchen in den einzelnen Spalten zusammen.

Wenn Sie insgesamt über 20mal „ja“ angekreuzt haben, sind Sie mutig, überzeugend und selbstbewußt. Sie kennen Ihre Fähigkeiten und wissen genau, was Sie damit wagen – und auch erreichen können! Sehen Sie sich die Punkte an, die Sie noch nicht ganz beherrschen, und trainieren Sie sie in den entsprechenden Situationen. Insgesamt dürfen Sie auf Ihr Auftreten und Ihre Wirkung auf andere Menschen voll und ganz vertrauen.

Haben Sie mehr als 20 Kreuze in den Rubriken „ja“ oder „manchmal“ angekreuzt, dann können Sie ebenfalls zufrieden sein: Sie bewegen sich in Gesellschaft natürlich und gelassen. Hin und wieder gibt es Situationen, in denen Sie noch mehr Selbstsicherheit ausstrahlen könnten. Haben Sie Vertrauen zu sich und zu Ihren Zielen; Sie besitzen die nötigen Eigenschaften, um den Weg dorthin zu bewältigen! Stärken Sie Ihre Stärken, und achten Sie in nächster Zeit in Gesprächen und Begegnungen mit anderen Menschen auf Ihr Verhalten. Erkennen Sie, wo Sie gut sind, und machen Sie genau dort weiter!

Sind Ihre Kreuzchen eher über die Rubriken „manchmal" und „nein" verteilt (20 oder mehr), dann sollten Sie dringend an Ihrer Einstellung und Ihrem Erscheinungsbild arbeiten. Beginnen Sie bei Ihrer Körperhaltung, bei Ihrem Blick und Ihren Bewegungen. Trainieren Sie einen festen Händedruck und sicheres Auftreten, sprechen Sie mit lauter, klarer Stimme. Arbeiten Sie mit Suggestionscassetten (zum Beispiel: Nikolaus B. Enkelmann: Ich habe Mut. mvg Verlag, 1995), um mehr Ausdruckskraft zu erlangen. Schließlich sollen Ihre Mitmenschen sehen, daß da jemand vor ihnen steht, der weiß, was er will, und der bereit ist, etwas für seine Ziele zu wagen.

Kapitel 4: Siegen

„Für den Sieg gibt es keinen Ersatz."
Nikolaus B. Enkelmann

Die Nummer I werden – und bleiben!

Der Erfolg kommt nicht über Nacht

Erfolg bekommt man nicht geschenkt. Die Nummer 1 zu werden, erfordert großen Einsatz – die Nummer 1 zu bleiben, erfordert kontinuierliches Engagement. Wir Menschen möchten erfolgreich *sein*, aber die wenigsten sind bereit, erfolgreich zu *werden* – und zwar Schritt für Schritt, und nicht einfach über Nacht. Wer nach seinen Idealen leben und seine Ziele erreichen will, der muß auch etwas dafür tun. Glück und Erfolg haben ihren Preis, und wer nicht bereit ist, diesen zu bezahlen, der hat das Nachsehen.

Jeder, der im Leben etwas erreicht hat, mußte zuvor den notwendigen Einsatz bringen. Lesen Sie einmal in den Biographien großer Wissenschaftler, Künstler, Sportler, Erfinder und anderer erfolgreicher Menschen: Sie haben durch ihre Leistungen bewiesen, daß es möglich ist, größte Ziele zu erreichen. Ein Zirkusartist ist ein anschauliches Beispiel dafür, wie weit der Mensch seine Fähigkeiten trainieren und ausschöpfen kann.

Der erfolgreiche Weg

Bei allen erfolgreichen Menschen stand zu Beginn ein Gedanke („Am Anfang jeder Tat steht die Idee"), der sich zu einem brennenden Wunsch, einem erstrebenswerten Ziel entwickelte. Hinzu kam der Glaube an die eigenen Kräfte, das Vertrauen auf die Mitarbeit des Unterbewußtseins, der Mut, den ersten, entscheidenden Schritt auch wirklich zu tun, die Ausdauer und der Optimismus, die Ziele auch bei Mißerfolgen und Rückschlägen nicht aus den Augen zu verlieren.

Training:

Denken Sie einmal zurück an einen Ihrer größten Erfolge. Können Sie sich noch erinnern, wann Sie den ersten Gedanken zu diesem Thema hatten? Wie ist ein Wunsch, ein Ziel daraus geworden? Und welche Schritte haben Sie anschließend unternommen, um dieses Ziel auch zu erreichen? Versuchen Sie, die einzelnen Stationen in mindestens einem Fall so genau wie möglich nachzuvollziehen!

Die Erfolgsfaktoren

Der Gedanke – das Ziel – der Glaube – der Mut – die Ausdauer: Das sind die elementaren Faktoren, die jedem Erfolg zugrunde liegen. Erfolg beruht also weniger auf Fachwissen denn auf der Persönlichkeit eines Menschen.

Mit einer optimistischen Lebenseinstellung unterstützen Sie Ihre Persönlichkeitsentwicklung.

Alle menschlichen Fähigkeiten lassen sich trainieren und weiterentwickeln. Die gleichen Methoden, die Sporttrainer anwenden, um körperliche Höchstleistungen zu fördern, können auch Sie benutzen, um Ihre geistigen und seelischen Fähigkeiten zu Spitzenleistungen zu entwickeln.

Der Kontakt zum Unterbewußtsein

Durch regelmäßiges Entspannen entsteht ein guter Kontakt zu unserem Unterbewußtsein. Vielen wichtigen Impulsen wird im entspannten Zustand (Alpha-Zustand) die Tür zum Unterbewußtsein geöffnet. Was heute noch die Energie des Bewußtseins benötigt, kann schon in kurzer Zeit an das Unterbewußtsein delegiert werden. Denken Sie einmal daran, wie Sie als Kind das Radfahren gelernt haben: Sie mußten die verschiedenen Bewegungsabläufe und Reaktionen so lange üben, bis sie dem Unterbewußtsein eingeprägt waren und von da an automatisch abliefen. Indem Sie wichtige Aufgaben nach und nach an das Unterbewußtsein delegieren, wird die Energie des Bewußtseins frei für größere Gelassenheit und die Entwicklung neuer Wünsche und Ziele.

Ihr Unterbewußtsein vergißt nichts

Wenn Sie nun den Erfolg auf einem bestimmten Gebiet vorbereiten, dann lernen Sie alles, was damit zusammenhängt, trainieren es eine Zeitlang – und vergessen es wieder. Ihr Unterbewußtsein jedoch wird es nicht mehr vergessen, sondern im Gegenteil als automatisierte Leistung abspeichern und bei Bedarf schnell und zuverlässig reagieren. Es hat die Regeln verstanden und verinnerlicht und hilft Ihnen, den angestrebten Erfolg intuitiv zu erreichen.

Ihr Unterbewußtsein ist Ihr bester Mitarbeiter!

Setzen Sie Ihre Energie frei!

Dieser Prozeß zur erfolgreichen Persönlichkeitsentwicklung ist unabhängig vom Intelligenzquotienten. Sie benötigen nur ein Mehr an positivem, optimistischem Denken und an Konzentration auf das Wesentliche. Die Energie zur Entfaltung Ihrer Fähigkeiten wird am zuverlässigsten frei, wenn Sie

- möglichst oft optimistisch denken, fühlen, handeln;
- regelmäßig den Kontakt zu Ihrem Unterbewußtsein pflegen;
- die geistigen Gesetze und unsere Grundgesetze der Lebensentfaltung genau beachten.

Beschränken Sie sich nicht auf Ihre Verstandesleistungen!

Alles entwickelt sich aus Ihren Gedanken. Wenn es Ihnen gelingt, die Energie Ihres Unterbewußtseins für Ihre Zwecke nutzbar zu machen, dann leben und wirken Sie nicht mehr nur mit Ihrem Verstand, sondern Sie setzen die Summe Ihrer bewußten und unbewußten Kräfte dafür ein, aus Ihren Gedanken letztendlich Erfolge zu machen.

Hören Sie auf die Stimme Ihres Herzens!

Wenn Sie auf diese Weise mit Ihrem Unterbewußtsein zusammenarbeiten, dann wird sich Ihnen auch die Wahrheit, die Stimme Ihres Herzens erschließen. Hierzu gibt es eine schöne östliche Legende, derzufolge die Götter eines Tages beschlossen, das Universum zu schaffen. Sie schufen die Sterne, die Sonne, den Mond.

Sie schufen die Meere, die Berge, die Blumen und die Wolken. Und dann schufen sie menschliche Wesen. Ganz zum Schluß schufen sie die Wahrheit. An diesem Punkt entstand jedoch ein Problem: Wo sollten sie die Wahrheit verstecken, damit die Menschen sie nicht sofort fänden? Sie wollten das Abenteuer der Entdeckung verlängern. „Laßt uns die Wahrheit auf den höchsten Berg stellen“, sagte einer der Götter, „dort wird sie sicherlich ganz schwer zu finden sein.“ „Laßt sie uns auf dem fernsten aller Sterne verstecken“, sagte ein anderer. „Laßt sie uns in den tiefsten und dunkelsten Abgrund stecken.“ – „Verbergen wir sie auf der unsichtbaren Seite des Mondes.“ Schließlich sagte der älteste und weiseste Gott: „Nein, wir werden die Wahrheit im Herzen der Menschen verstecken. Auf diese Weise werden sie sie im ganzen Universum suchen, ohne gewahr zu werden, daß sie sie die ganze Zeit in ihrem Herzen tragen.“

Den Erfolg immer wieder von neuem erringen

Wer mit seinem Herzen und mit seinem Unterbewußtsein in Kontakt steht, der erkennt die Wahrheit; er erkennt auch, wie er sich am besten verhalten soll, um glücklich und erfolgreich zu sein. Es genügt nicht, den einmaligen Erfolg zu erreichen, denn alles im Leben ist der Veränderung unterworfen. Nichts bleibt so, wie es ist, alles ist vergänglich; das ist ein kosmisches Gesetz. Auch der Erfolg ist vergänglich, und darum will er immer wieder von neuem errungen werden.

Deshalb brauchen wir auch den lebenslänglichen Wachstumsprozeß. Er entsteht immer wieder neu aus klar formulierten Zielen und der starken Überzeugung: *„Glaube führt zur Tat. Konzentration führt zum Erfolg. Wiederholung führt zur Meisterschaft.“* Wer auf diese Art seine Erfolge selbst verursacht und bewußt wiederholt, der ist – und er bleibt – ein Sieger.

Training:

Lesen Sie sich den folgenden Suggestionstext durch, lernen Sie ihn auswendig, und rezitieren Sie ihn jeden Tag:

„Ich kann, was ich will.
Ich bin fest entschlossen, meinem Leben Wert und Sinn zu geben, denn ich weiß, was ich will.
Ich habe einen starken Willen und kann mich gut konzentrieren.
Alle Oberflächlichkeiten verschwinden – meine Konzentrationskraft vertreibt meine Unruhe.
Mißerfolge können mich nicht verunsichern, nur herausfordern.
Erst denken, dann handeln, aber nie mit dem Kopf durch die Wand, denn es gibt immer eine Tür.
Wünschen – Planen – Wagen – Siegen – das ist mein Motto.
Ich bin glücklich, denn ich weiß, ich kann, wenn ich will."

Ein Optimist ist von seinen Fähigkeiten überzeugt und weiß, daß er sein Leben selbst gestaltet. Das bedeutet für ihn:

- Er hat die Wahl zwischen verschiedenen Möglichkeiten; er kann Alternativen finden und Optionen auflisten.
- Er entscheidet selbst, welche Ziele er sich setzt.
- Er ist für sein Schicksal selbst verantwortlich, denn er ist ein Mensch und keine Marionette.

Die Nummer 1 werden und bleiben – das gelingt Ihnen, wenn Sie voller Optimismus die Chancen wahrnehmen, immer wieder von neuem den Erfolg anzustreben und zu erreichen.

Die „Drei Diamanten“:

- Mit einer optimistischen Lebenseinstellung und Konzentration wird aus einer Person eine Persönlichkeit.
- Ihr Unterbewußtsein ist Ihr bester Mitarbeiter!
- Ein Optimist weiß, daß er für sein Schicksal selbst verantwortlich ist – und er nutzt diese Chance!

Die Eigenschaften des Siegers

„Ich bin wichtig“

Wer Erfolg hat, der weiß: „Ich bin wichtig, ich spiele eine Rolle im Leben. Ich bin eine Persönlichkeit“ – und diese Meinung von sich selbst strahlt er auch aus. Ein solcher Mensch tritt selbstbewußt auf; er hat eine intuitive Sicherheit in seinem Verhalten.

Training:

Zwei Menschen betreten einen Raum, der eine ist ein Siegertyp, der andere ein depressiver Mensch. Woran können Sie erkennen, wer der Sieger ist?

Ausschlaggebend für die Beurteilung dieser Menschen sind: die Körperhaltung, der Augenkontakt und die Stimme.

Ein „Sieger" hat ein selbstsicheres Auftreten.

Achten Sie auf Ihre Gewohnheiten ...

Die einzelnen Elemente dieses Auftretens sind beeinflußbar. Sie können von jedem Menschen gezielt gefördert und bis zur Perfektion trainiert werden. Nur 15 Prozent unseres Verhaltens wird von den Erbanlagen bestimmt, 85 Prozent unserer Eigenschaften werden von der Umwelt geprägt und von unseren Gewohnheiten bestimmt. Entscheidend ist also, welche Gewohnheiten Sie pflegen. Jeder Mensch kann sicher sprechen und wirkungsvoll auftreten, wenn er es wirklich will und konsequent übt.

... und auf Ihr Erscheinungsbild!

Der Optimist weiß um diese Zusammenhänge und achtet auch auf sein äußeres Erscheinungsbild. *„Für den ersten Eindruck gibt es keine zweite Chance."* Diese Aussage ist wahr – leider, müßte man fast hinzufügen. Wir wissen zwar, daß wir einen Menschen nicht nur nach seinem Äußeren beurteilen sollten – dennoch neigen wir zu schnellen Urteilen aufgrund von Äußerlichkeiten und werden auch selbst daran gemessen. Deshalb ist es so wichtig, daß der erste Eindruck stimmt: Kleidung, Schuhe, Accessoires – die gesamte Erscheinung und natürlich auch die Körpersprache spielen eine große Rolle, wenn es darum geht, eine Persönlichkeit einzuschätzen. Dieses erste Bild von einem Menschen setzt sich in seinem Gegenüber fest und hat eine entsprechend positive oder negative Wirkung. Ein guter Rat: Lächeln Sie, wenn Sie mit jemandem reden!

Ein Lächeln schadet nie, aber es kann Ihnen so manche Türen öffnen!

Wie klingt Ihre Stimme?

Der nächste Faktor ist Ihre Stimme: Je ruhiger und tiefer sie klingt, um so vertrauenswürdiger erscheinen Sie. Mit einer sanften, aber sicheren Stimme können Sie jedes Gespräch leichter in die gewünschte Richtung lenken. Denken Sie daran, daß man Hektik und Nervosität in der Stimme hört und diese Schwingungen andere anstecken können. Wer in einer schwierigen Situation von vornherein optimistisch an einen positiven Ausgang glaubt, der wird auch in Stimme, Tonfall und Wortwahl besonnen bleiben und genau den richtigen Ton treffen.

Die Stimme wirkt auf den Charakter

Andererseits lassen sich natürlich auch die Stimme und die Ausdruckskraft trainieren; und die dadurch gewonnene Selbstsicherheit unterstützt wiederum die optimistische Erwartungshaltung. Wer an seiner Stimme arbeitet, der arbeitet am Kern seiner Persönlichkeit. Indem Sie Ihre Stimme verändern, ändern Sie auch die Struktur Ihres Charakters.

Sprechen Sie bewußt!

Gewöhnen Sie sich an, langsam, deutlich und betont zu sprechen; überprüfen Sie regelmäßig (zum Beispiel mit einem Cassettenrekorder) den Klang und die Höhe Ihrer Stimme. Gerade bei einem ersten Gespräch oder auch bei einem telefonischen Kontakt ist Ihre Stimme wie ein Personalausweis, der einen Eindruck davon vermittelt, wer Sie sind. Übrigens: Lächeln Sie ruhig auch am Telefon! Ihr Gesprächspartner sieht es zwar nicht, aber er hört es!

Training:

Überlegen Sie, wie Sie auf Ihre Mitmenschen wirken: Treten Sie meist selbstsicher auf, oder sind Sie oft unsicher und gehemmt? Melden Sie sich am Telefon mit Ihrem Vor- und Nachnamen, oder bleiben Sie so anonym wie möglich? Notieren Sie fünf Ihrer Verhaltensweisen, die Sie im Umgang mit anderen Menschen für selbstbewußt halten, und fünf typische Situationen, die Sie nach eigener Einschätzung dringend verbessern müßten.

Selbstbewußtes Verhalten:

Unsicheres Verhalten:

Der richtige Schliff

Ein Diamant-Rohling wird an mindestens 48 Stellen geschliffen, bevor er das Licht in allen Farben widerspiegeln kann, und erst durch diesen richtigen Schliff wird er so unwiderstehlich schön. Woher kommt eigentlich der „Glanz" Ihrer Persönlichkeit? – Geben Sie Ihrer Persönlichkeit durch gezieltes Training den richtigen Schliff!

Beobachten Sie erfolgreiche Persönlichkeiten

Konzentrieren Sie sich in den nächsten Tagen einmal darauf, möglichst viel Ruhe und Sicherheit auszustrahlen. Beobachten Sie in Ihrer Umgebung die Menschen, die einen selbstsicheren Eindruck machen; schauen Sie sich in den Fernsehnachrichten oder in politischen Sendungen erfolgreiche Persönlichkeiten an, die an öffentliche Auftritte gewöhnt sind: Studieren Sie deren Augen, die Bewegungen, die Stimme. Arbeiten Sie mit Ihrem Unterbewußtsein zusammen, zum Beispiel mit Hilfe meiner Suggestionscassette „Durch persönliche Anziehungskraft gewinnen". Sie können so viel tun, um Ihrer Ausstrahlung noch mehr Glanz zu verleihen – ergreifen Sie die Chance!

Ein Sieger weiß um seine Ausstrahlung – und er nutzt sie für weitere Erfolge!

Das „gesunde Selbstbewußtsein"

Die bekannte Redensart vom „gesunden Selbstbewußtsein" bestätigte kürzlich die *Welt am Sonntag*: „Selbstbewußte Menschen leben gesünder und länger" betitelte sie einen Artikel über eine amerikanische Studie (Nr. 13/1997 S. 35). Diese Studie beurteilt das Selbstwertgefühl von 154 Frauen und Männern: *„Danach gilt derjenige als selbstbewußt, der sich als wichtig, erfolgreich und fähig einschätzt. Die Studie ergab, daß Selbstbewußtsein mit gesunder Lebensweise, Zufriedenheit, starkem sozialen Rückhalt und Langlebigkeit einhergeht."*

Je intensiver also Ihre positive Ausstrahlung und Ihr Selbstbewußtsein sind, um so gesünder leben Sie, um so leichter haben Sie Erfolg – und um so glücklicher und erfüllter wird Ihr Leben. Auch Glück und Erfolg hängen eng miteinander zusammen:

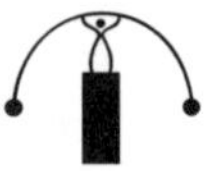

Erfolg alleine macht nicht glücklich, aber ohne Erfolg gibt es kein Glück!

Selbstbewußte Menschen sind „Glückspilze"

Ein selbstbewußter Mensch hat es also nicht schwer, ein Glückspilz und Sieger zu sein:

- Er glaubt fest an sich und an seine Möglichkeiten.
- Er genießt es, Glück zu erleben und andere glücklich zu machen.
- Er besitzt die Fähigkeit, Chancen zu erkennen und sie in Erfolge zu verwandeln.
- Er nutzt seine Kräfte dazu, auch unselige Zustände in glückliche umzukehren.
- Er verwirklicht seine Wünsche und Ziele.
- Er macht aus seinen Begabungen Lebenserfolge und wird selbst gestalterisch aktiv.
- Er genießt den Erfolg, denn sobald er erfolgreich ist, produziert das Gehirn Glückshormone, die sogenannten Endorphine.
- Er wirkt hochgradig ansteckend und streut in seiner Umgebung „Glücksbazillen" aus.

Wie groß ist die Ansteckungsgefahr, wenn jemand in Ihrer Nähe ist?

Die „Drei Diamanten":

- Ein Lächeln schadet nie, aber es kann Ihnen so manche Türen öffnen!
- Ein Sieger weiß um seine Ausstrahlung – und er nutzt sie für weitere Erfolge!
- Erfolg alleine macht nicht glücklich, aber ohne Erfolg gibt es kein Glück!

Die Erfolgsformel

Sie allein haben die Möglichkeit, darüber zu entscheiden, ob Sie Ihr Schicksal von Ihren Befürchtungen oder von Ihren Wünschen bestimmen lassen, ob Sie sich von einem Tag zum anderen mit zufälligen Ereignissen abfinden oder ob Sie Ihre Erfolge bewußt planen und steuern. Wenn Sie auf dem „erfolgreichen Weg" weitergehen wollen, müssen Sie immer wieder aufs neue verschiedene Faktoren optimieren, die bei der Entstehung von Erfolg wesentlich beteiligt sind:

- Zielklarheit
- Kraft und Können
- Zeit
- innere Widerstände überwinden
- äußere Widerstände überwinden.

Wenn Sie lernen, diese entscheidenden Faktoren richtig zu handhaben und sie zu Ihren Gunsten zu beeinflussen, werden Sie Ihr Leben aktiv und erfolgreich gestalten und von einem erreichten Wunschziel zum nächsten gelangen. Voraussetzung für den gekonnten Umgang mit diesen Faktoren ist, daß Sie sich zunächst bewußt machen, was sich jeweils hinter den Begriffen verbirgt.

Zielklarheit

Zielklarheit (Z): Sie wissen ganz genau, was Sie wirklich wollen!

Diese Klarheit erreichen Sie, indem Sie sich gezielt mit Ihren Wünschen und Träumen beschäftigen. Wünsche sind der innere Reichtum des Menschen; sie kommen nicht aus dem Intellekt, sondern aus der Seele. Wer seine Wünsche betrachtet, der erkennt sich selbst. Der Optimist, der aus diesen Wünschen konkrete Lebensziele für seine eigene Zukunft macht, erreicht ein großes Maß an innerer Freiheit und Selbstbestimmung. Da es sich um seine eigenen, persönlichen Ziele handelt, erweckt er in seinem Inneren auch gleichzeitig die größtmögliche Motivation zu ihrer Realisierung.

Der freie, selbstbewußte Optimist beläßt es nicht bei romantischen Tagträumen, sondern er macht aus seinen Ideen und Wünschen realistische Ziele für die Zukunft. Das unterscheidet ihn von einem „Traumtänzer“: Er weiß nicht nur, was er sich (theoretisch) wünscht, sondern kann ganz klar sagen, was er (praktisch) erreichen will.

Kraft und Können

Kraft und Können (K): Sie wissen ganz genau, was Sie können!

Wer etwas bewegen oder erreichen will, braucht dazu Energie – ohne Energie gibt es keine Bewegung! Ihre wichtigste Kraftquelle ist Ihr Körper; deshalb sollten Sie darauf achten, daß Sie stets auf eine ausreichende, besser noch eine überschäumende Vitalität zurückgreifen können. Es ist besser, immer ein wenig mehr Kraft zu haben, als Sie wahrscheinlich brauchen werden – oft tauchen unvorhersehbare Hindernisse und Rückschläge auf, die Sie leicht aus der Bahn werfen könnten, wenn Sie nicht einen Kraftvorrat angelegt haben.

Die beste Methode, Ihre Kraftreserven immer wieder aufzuladen, ist das mentale Training. Im Alpha-Zustand öffnet sich das Tor zum Unterbewußtsein, und ungeahnte Kräfte werden frei. In dieser Entspannung wächst Ihr Selbstbewußtsein. Sie verstärken die Sicherheit, daß Sie alles können, was Sie wirklich wollen; und diese Sicherheit befähigt Sie zu den Leistungen, die notwendig sind, um Ihre Ziele zu erreichen.

Zeit

Zeit (t): Sie wissen, daß Erfolg sich nicht über Nacht einstellt, sondern Zeit braucht.

Jeder Erfolg hat eine Vorlaufzeit. Ein Aspirin wirkt schließlich auch erst nach zehn Minuten. Also können Sie nicht erwarten, daß ein Apfelbaum, den Sie heute pflanzen, schon in der nächsten Woche die ersten Früchte trägt! Der Erfolgsneurotiker, der hektisch auf den Erfolg losstürmt, übersieht die kleinen Warnsignale und gerät unversehens in eine Sackgasse. Wer sich dagegen auf dem Weg zu seinem Ziel die nötige Zeit und Ruhe nimmt, der kann gravierende Fehler vermeiden, und auch die kleinen Mißerfolge lassen sich schneller erkennen und leichter ausmerzen.

Wenn Sie schrittweise vorgehen, teilen Sie sich auch Ihre Kräfte besser ein und laufen nicht Gefahr, kurz vor dem Ziel aus Mangel an Energie aufgeben zu müssen. Der Erfolg stellt sich erst am Ziel ein, und diesem Ziel nähern Sie sich systematisch und souverän – so werden Sie Sieger!

Widerstände

Innere und äußere Widerstände überwinden (Wi, Wa): Sie wissen, daß Sie etwas erreichen können und auch erreichen werden, wenn Sie es wirklich wollen.

Sie wissen, daß Sie grundsätzlich über genügend Energie verfügen, um die inneren und äußeren Widerstände erfolgreich zu bekämpfen. Ist Ihnen aber auch klar, daß Sie im Kampf gegen innere Widerstände meistens unnötig viel Energie verschwenden?

Die meisten inneren Widerstände sind Unsicherheiten und Hemmungen. Der beste Weg, sie effektiv abzubauen, ist, sie durch ein selbstsicheres Auftreten zu ersetzen. Und diese Sicherheit können Sie ganz einfach trainieren, indem Sie an Ihrer Stimme arbeiten: *„Wer erfolgreich sein will, muß im Sprechen beherrscht und im Tonfall seiner Stimme absolut sicher sein.“* Die Stimme kommt aus Ihrem Innersten; sie verrät genau, wie es in Ihnen aussieht. Wenn Sie durch Ihr Sprechen Sicherheit ausstrahlen, wird Ihr Selbstbewußtsein automatisch gestärkt; Sie verschwenden keine Kräfte mehr im Kampf gegen sich selbst, sondern können sich ganz auf die äußeren Hindernisse konzentrieren.

Der Optimist, der seine inneren Widerstände überwunden hat, verfügt plötzlich über ein gewaltiges Energiepotential und neue Kreativität. Diese kann er nun dafür einsetzen, auch die äußeren Hindernisse, die ihm wohl zwangsläufig begegnen werden, erfolgreich zu überwinden. Je weniger innere Widerstände vorhanden sind, desto leichter wird es ihm fallen, die äußeren Widerstände zu besiegen.

Die Erfolgsformel

Kurz zusammengefaßt bedeutet das also: Je bewußter Sie über Zielklarheit, Kraft und Zeit verfügen, um so geringer fallen die inneren und danach auch die äußeren Widerstände ins Gewicht. Unsere Erfolgsformel läßt sich also darstellen als Quotient aus den förderlichen und den hinderlichen Faktoren:

$$\frac{Z + K + t}{Wi + Wa} = \text{ERFOLG}$$

Erfolg ist die Fähigkeit, trotz innerer und äußerer Widerstände unter Einsatz von Zeit und Kraft seine Ziele zu erreichen.

Für kleine und große Ziele

Diese Erfolgsformel ist universell. Sie gilt genauso für die kleinen Vorhaben wie für die elementaren Lebensziele. Indem Sie diese Formel anwenden, aktivieren Sie die bewußten und unbewußten Kräfte in Ihrem Innern; Sie ziehen automatisch die Situationen und Menschen an, die Sie auf Ihrem Weg voranbringen.

Konkrete Zukunftsträume sind vollkommene Meditation

Die Zielklarheit und das Bewußtsein für die nötige Zeit lassen uns heute schon im Morgen leben; wer so konkret von seiner Zukunft träumt, der erlebt die vollkommene Meditation: Das Unterbewußtsein überprüft die Möglichkeiten, unsere Intuition und das Gespür für das Machbare wachsen automatisch, wir arbeiten sozusagen mit einer sich selbst erfüllenden Prophezeiung.

Diese Formel will Ihnen auch Mut machen, durch positives Denken und Optimismus negative Einflüsse in Ihrem Leben zu überwinden. Besiegen Sie Zweifel und Pessimismus; machen Sie sich immer wieder bewußt, daß Sie grundsätzlich über die wichtigen Faktoren Zielklarheit, Kraft und Zeit verfügen und daß es an Ihnen liegt, wie aktiv und bewußt Sie diese auch einsetzen: Mit ihrer Hilfe können Sie alles erreichen, was Sie wirklich erreichen wollen!

Die „Drei Diamanten“:

- Klarheit über Ihr Ziel, das Bewußtsein Ihrer Kraft und der geduldige Umgang mit der Zeit sind die wichtigsten Voraussetzungen für Erfolg.
- Der Erfolg stellt sich erst am Ziel ein – halten Sie durch!
- Erfolg ist die Fähigkeit, trotz innerer und äußerer Widerstände unter Einsatz von Zeit und Kraft seine Ziele zu erreichen.

Erfolgsrezepte kurz und bündig

In diesem Kapitel fassen wir noch einmal die wichtigsten Merksätze und „Diamanten“ der vorangegangenen Kapitel zusammen. Streichen Sie sich diejenigen Aussagen und Formulierungen an, die Sie besonders ansprechen, und benutzen Sie sie jeweils ein paar Tage lang als Affirmation zur Stärkung Ihres Unterbewußtseins.

Bei dieser Gelegenheit wollen wir Ihnen auch *„Die 14 fundamentalen Schritte zum Lebenserfolg“* vorstellen. Denken Sie über die einzelnen Punkte in Ruhe nach; sie unterstützen und konkretisieren viele der bisher angeführten Merksätze und „Grundgesetze der Lebensentfaltung“. Vielleicht nehmen Sie sich auch einmal die Zeit, über die eine oder andere interessante Aussage etwas intensiver zu meditieren:

Die 14 fundamentalen Schritte zum Lebenserfolg

1. Lernen Sie zuerst das Lernen!
   Lernen erhöht Ihre Chance, erfolgreich zu leben, denn Leben heißt Lernen.

2. Haben Sie Achtung vor sich selbst!
   Denken Sie stets daran: Ihr Körper ist der Tempel Gottes. Sorgen Sie sich um ihn. Achten Sie auch darauf, was Sie für andere sind: Werfen Sie keine Perlen vor die Säue!

3. Seien Sie geistig wach, und nutzen Sie alle Chancen!

4. Seien Sie eine Persönlichkeit!
   Urteilen Sie selbst, und entscheiden Sie nach Ihrem eigenen Willen. Der optimistische, positiv denkende Mensch ist nur seinem Gewissen verantwortlich. Gehen Sie unbeirrbar Ihren Weg, und vertrauen Sie auf Ihren gesunden Menschenverstand und auf die Stimme Ihres Herzens.

5. Glauben Sie felsenfest an sich und an Ihren Erfolg!
   In Ihrem Innern wirken die höchsten schöpferischen Kräfte! Gestalten Sie Ihr Leben mit der Macht der positiven Gedanken.

6. Handeln Sie rationell!
   Das Leben ist kurz, deshalb verschwenden Sie keine Zeit und geben Sie all Ihre Kraft.

7. Handeln Sie stets nach gründlichster Überlegung!
   Die Kunst des Erfolgs besteht zum großen Teil darin, Fehler zu vermeiden. Denken Sie an die Formel: Richtigmachen = Erfolg; Falschmachen = Mißerfolg. Bei wichtigen Entscheidungen sollten Sie sich nicht drängen lassen und erst einmal eine Nacht darüber schlafen.

8. Versuchen Sie immer, alles noch einfacher, besser und vollkommener zu machen!

Nichts ist so gut und vollständig, daß es nicht noch besser gemacht werden könnte. Es lassen sich überall noch weitere Vorteile herausholen.

9. Verfolgen Sie ein konkretes Ziel!
   Wenn Sie folgerichtig und planmäßig handeln, kommen Sie täglich einen Schritt weiter. Das höchste geistige Ziel ist die Entfaltung Ihrer Persönlichkeit.

10. Ärgern Sie sich nicht, und haben Sie keine Angst!
    Es ist eines Optimisten unwürdig, sich aufzuregen, sich zu ärgern oder ängstlich zu sein. Ihr Leben vergeht, auch wenn Sie sich ärgern – aber Sie haben nichts davon!

11. Haben Sie ein Herz für andere, und seien Sie von Nutzen für andere!
    Denken Sie an Ihre Pflicht gegenüber Familie, Menschheit und Umwelt. Verzeihen Sie auch, wenn man Ihnen Unrecht tut. Achten Sie in anderen die Persönlichkeit; wahre Größe duldet auch andere Größen neben sich.

12. Seien Sie immer freundlich!
    Stehen Sie über den Dingen, wenn Ihnen etwas nicht gelingt, und lassen Sie „jedem Tierchen sein Pläsierchen“.

13. Achten Sie auf Distanz!
    Wohlwollende Bestimmtheit verschafft Ihnen überall Einfluß. Treten Sie sicher auf; Hemmungen sind nur die Folge von unlogischem Denken.

14. Nutzen Sie die Kraft der Evolution!
    Seit dem Urknall entwickelt sich alles weiter und höher hinaus. Es gibt keine Grenzen – auch für Sie nicht!

Die wichtigsten Merksätze und Erfolgsrezepte

- Erfolg ist kein Stillstand, kein Geschenk und auch kein Zufall, sondern ein lebenslänglicher Wachstumsprozeß.

- Im Mittelpunkt des Erfolgs steht immer der Mensch.

- Ich kann immer nur einen Gedanken auf einmal denken. Ich entscheide, ob dieser positiv oder negativ ist.

- „Wenn du wirklich etwas willst, werden alle Märchen wahr."

- Der Glaube an den Erfolg ist dasselbe wie der Glaube an die eigenen Möglichkeiten und Ziele.

- Nichts ändert sich, außer ich ändere mich!

- Wer liebt, verfügt über Optimismus und Mut im Überfluß.

- Konzentration ist Verdichtung von Gedankenenergie.

- „Wer einen Stein ins Wasser wirft, verändert das Meer."

- Liebe ist positives, optimistisches Denken in Reinkultur – Liebe ist die Hauptursache für Erfolg.

- Der Optimist ist der eigentliche Realist, denn er sieht immer die Chancen.

- Wir haben ein Unterbewußtsein. Wir sollten es auch nutzen!
- Durch Schreiben wird der Geist Materie.
- Der Alpha-Zustand ist Ihr Schlüssel zum Erfolg.
- Im Streit zwischen Gefühl und Intellekt siegt immer das Gefühl!
- Unser Geist ist unglaublich weise – wir müssen ihn nur befragen.
- Wer in sich selbst ruht, in sich einen Mittelpunkt hat, der ist der Hektik dieser Zeit gewachsen.
- Ein Mensch, der seine Einmaligkeit erkennt und seine Identität bejaht, ist in sich stabil und belastbar.
- Wer nicht an seine Zukunft denkt, der hat keine!
- Jedes Talent entfaltet sich nur durch Betätigung.
- Wer das Äußerste anstrebt, wird das Mögliche erreichen!
- „Denke immer daran, daß deine eigene Entschlossenheit, erfolgreich zu sein, wichtiger ist als alles andere!“
- Jede Flamme, die brennt, kann auch andere entzünden.
- Begeisterung ist der Schlüssel, der Tür und Tor öffnet.

- Anfangen kann jeder – doch nur durch die Ausdauer wird man zum König!

- Seine Ziele nicht zu erreichen ist weniger schlimm, als überhaupt keine Ziele zu haben!

- Humor ist die Kraft, die uns hilft, Schicksalsschläge zu überwinden.

- Für den Sieg gibt es keinen Ersatz.

- Ihr Unterbewußtsein ist Ihr bester Mitarbeiter!

- Wie groß ist die Ansteckungsgefahr mit „Glücksbazillen“, wenn jemand in Ihrer Nähe ist?

- Erfolg ist die Fähigkeit, trotz innerer und äußerer Widerstände unter Einsatz von Zeit und Kraft seine Ziele zu erreichen.

- Klarheit über das Ziel, das Bewußtsein der inneren Kraft und der geduldige Umgang mit der Zeit sind die wichtigsten Voraussetzungen für Erfolg.

Test: Sind Sie ein Optimist?

Nachdem Sie nun dieses Buch konzentriert durchgearbeitet haben und vieles über Optimismus, Erfolg, die effektive Lebensplanung und auch über sich selbst erfahren konnten, möchten wir Sie bitten, den Test aus der Einleitung noch einmal zu wiederholen – Sie werden erstaunt sein, was sich alles geändert hat!

Lesen Sie sich die folgenden Aussagen durch, und kreuzen Sie dann spontan an, was auf Sie zutrifft oder nicht zutrifft. Je spontaner Sie auf die Fragen antworten, um so genauer wird Ihr Ergebnis sein:

Test: Sind Sie ein Optimist?
Durch welche Brille sehen Sie Ihre Welt?

	Trifft zu	Trifft nicht zu
1. Die meisten Menschen sind sehr freundlich zu mir.	❍	❍
2. Ich mache mir wenig Sorgen über Dinge, auf die ich keinen Einfluß nehmen kann (Katastrophen, Tod, Wetter usw.).	❍	❍
3. Ich sage häufiger Ja als Nein.	❍	❍
4. Man kann mich nicht leicht entmutigen.	❍	❍
5. Ich glaube an das Gute in der Welt.	❍	❍
6. Ich muß nicht perfekt sein.	❍	❍
7. Ich kann aus vollem Herzen lachen.	❍	❍
8. Ich habe mich heute schon gelobt.	❍	❍
9. Ich denke weniger über meine Mißerfolge nach als über meine Erfolge.	❍	❍
10. Ich bin oft guter Laune und begeistert.	❍	❍
11. Ich kann mich gut konzentrieren.	❍	❍
12. Ich kann Komplimente akzeptieren und mich darüber freuen.	❍	❍
13. Ich glaube, daß sich alles zum Guten wenden wird.	❍	❍
14. Ich fühle mich vital und gesund.	❍	❍

15. Ich bin ein Glückspilz bzw. Sonntagskind.	❍	❍
16. Hindernisse motivieren mich – ich bin sehr beharrlich.	❍	❍
17. Meine Zukunft wird schön.	❍	❍
18. Ich kann anderen Menschen Mut machen.	❍	❍
19. Von kleinen Mißgeschicken lasse ich mir nicht den Tag verderben.	❍	❍
20. Ich kritisiere andere nur selten.	❍	❍
21. Ich bin mutig.	❍	❍
22. Meine Erfolge habe ich selbst verursacht.	❍	❍
23. Ich habe viele positive Eigenschaften.	❍	❍
24. Ich lasse mich von Hindernissen nicht abhalten.	❍	❍
25. Ich glaube, daß Erfolg der natürliche Weg meiner Entwicklung ist.	❍	❍
26. Erfolg ist kein Zufall.	❍	❍
27. Es gibt viele Dinge, auf die ich mich in den nächsten Tagen freue.	❍	❍
28. Ich beschwere mich selten.	❍	❍
29. Ich habe gute Erinnerungen an meine Vergangenheit.	❍	❍
30. Die Lösung schwieriger Probleme gelingt mir immer, wenn ich mich darum bemühe.	❍	❍
31. Meine Freunde finden, daß ich sehr sympathisch und positiv bin.	❍	❍
32. Was auch immer passiert, ich werde schon klarkommen.	❍	❍

Auswertung: siehe Einleitung, Seite 25ff.

Nachwort

„Es ist nicht genug zu wissen, man muß auch anwenden; es ist nicht genug zu wollen, man muß auch tun."

Johann Wolfgang von Goethe

Sie haben erkannt, daß aus dem kleinsten Gedankenfunken ein leuchtendes Feuer entsteht. Unser Training soll aus Ihnen einen erfolgreichen Optimisten machen, der sich durch Konzentration, Ausdauer, Motivation, Mut und Begeisterung an die Spitze katapultiert.

Nun sind Sie an der Reihe, verehrter Leser. Was werden Sie TUN ???

Sie bestimmen den Weg

Jeder Mensch muß seinen eigenen Weg gehen und seine eigenen Ziele anstreben. Setzen Sie Ihr Wissen und Ihre Wünsche um in Taten, machen Sie die Theorie zur Praxis, Ihre Ideen zu Erfolgen! Wenn nicht Sie selbst den Kurs Ihres Lebens bestimmen, dann werden es andere tun! Bestimmen Sie, was in Ihrem Leben „erfolgen" soll, und zwar so bald wie möglich. Jedes Talent entwickelt sich nur durch Betätigung – machen Sie aus Ihren Talenten Lebenserfolge!

Stellen Sie am besten *sofort* Ihren persönlichen Aktionsplan auf (verändern können Sie ihn immer noch)! Wichtig ist, daß Sie den ersten Schritt machen und anfangen, Ihr Leben selbst zu bestimmen. Nehmen Sie sich Ihren Zukunftsordner zur Hand, und fügen Sie einige leere Blätter hinzu. Auf jedes Blatt schreiben Sie eine der folgenden Fragen und beantworten diese sofort:

Was ist im kommenden Jahr das wichtigste Ziel?

Was ist noch in diesem Monat das Wichtigste, um diesem Ziel näher zu kommen?

Wann will ich damit beginnen?

Was tue ich heute dazu?

Was ist morgen die wichtigste Aufgabe?

Welche Zwischenziele will ich am Ende der kommenden Monate erreicht haben?

Es ist wichtig, daß Sie am Ende eines jeden Monats überprüfen, ob Sie Ihr Zwischenziel erreicht haben und welche Schritte anschließend zu unternehmen sind.

Mit diesem Plan, mit regelmäßigem Alpha-Training und mit einer optimistischen Lebenseinstellung können Sie alles erreichen, wenn Sie wirklich wollen!

Wünschen Sie einfach drauflos – planen Sie wie ein Weltmeister – wagen Sie ALLES – und Sie werden siegen!

Literaturverzeichnis

Enkelmann, Nikolaus B.:
Die Formel des Erfolgs.
München/Landsberg: mvg Verlag, 1994

Enkelmann, Nikolaus B.:
Mit Freude erfolgreich sein.
München/Landsberg: mvg Verlag, 1996

Enkelmann, Nikolaus B.:
Power der Verkaufsrhetorik.
Wiesbaden: Gabler Verlag, 1996

Enkelmann, Nikolaus B.:
Power - Training.
Bonn: Verlag Norman Rentrop, 1996

Goleman, Daniel:
Emotionale Intelligenz.
München/Wien: Carl Hanser Verlag, 1996

Kröners Philosophisches Wörterbuch.
Stuttgart: Alfred Kröner Verlag, 1982

Meyers Großes Taschenlexikon in 24 Bänden.
Mannheim: B.I. Taschenbuchverlag, 1992.

Peale, Norman Vincent:
Das Ja zum Leben.
Landsberg am Lech: mvg Verlag, 1986

Reader's Digest Das Beste,
November 1991

Schuller, Dr. Robert:
Erfolg kennt keine Grenzen.
München: mvg Verlag, 1993

Seligman, Martin:
Pessimisten küßt man nicht.
München: Droemer Knaur, 1991

Welt am Sonntag.
Zitiert nach: Der erfolgreiche Weg 10/1996

Institut Enkelmann

Königstein/Taunus

Arbeit an sich selbst

Herrschaft über das Denken gibt Macht über Leib und Leben

Wir sollten lernen, durch unser Denken unser Unterbewußtsein zu beherrschen. Vielen Menschen ist dieser Gedanke nicht nur neu, sondern auch fremd. Die vielen Mißerfolge und psychosomatischen Krankheiten machen die Macht der Gedanken deutlich.

Negative Gedanken bringen: Mißerfolg – Ärger – Neid – Streit – Unbeliebtheit – Depression – usw.
Positive Gedanken bringen: Erfolg – Freude – Bewunderung – Anerkennung – Beliebtheit – Glück – usw.

Die 3 Hauptseminare:

Der erfolgreiche Weg

Lebensmut und Tatkraft
Erkenntnis und Erfolgswissen
Entfaltung der Persönlichkeit

In sieben erlebnisreichen Tagen entdecken Sie die Geheimnisse des Glücks und des Erfolgs. Ihr Leben wird reicher.

Sie gewinnen: Eigene Wünsche bejahen und verwirklichen – unausgeschöpfte Potentiale des Gehirns nutzen – reicher durch richtigen Zeitgebrauch – innere Ruhe und Sicherheit – Überlegenheit durch Lebens- und Menschenkenntnis – Selbstkontrolle und Selbstbeherrschung – Unbeeinflußbarkeit – Selbstvertrauen – gutes Erinnerungsvermögen – gute Konzentrationsfähigkeit – Ideenreichtum und Intuition – klarer Blick für Tatsachen – Initiative – Tatkraft und Wagemut – wohlwollendes, gewinnendes Wesen – psychologisches Wissen für die Aufgaben der Organisation und rationelles Wirtschaften – Arbeitsfreude und seelische Spannkraft – größtmögliche Gesundheit der Nerven und des Körpers.
In diesem Seminar werden die neuesten Erkenntnisse der Medizin, der Psychologie, der Evolutionsforschung und anderer Wissenschaften vorgestellt und systematsich für die positive Lebensgestaltung nutzbar gemacht.

Mentales Training

Alpha im Alltag, Tiefenentspannung, vollkommene Erholung

Sammlung aller Kräfte
Konzentration und Gelassenheit
Zu sich selbst finden
Frei von Streß

Es ist ein glückhaftes Erlebnis, wenn nach tiefer Entspannung sich die eignen Kräfte in ungeahnter Weise neu entfalten. Sie erlernen die Möglichkeit der Selbstentfaltung durch Konzentration.

Sie finden: das Geheimnis der inneren Ruhe – die Harmonie des Alltags – Steigerung der Nervenkraft – Schöpferkraft des Unterbewußtseins – Beeinflussung der Schaltvorgänge im Unterbewußtsein – Macht der Gedanken – Lernen im Schlaf – Herrschaft über die Kraft des Geistes – Konzentrationsfähigkeit – Gelassenheit – Steigerung der Leistungsfähigkeit – Kreativitätssteigerung – Steigerung der Entschlußfähigkeit – Abbau der Überlastungsnervosität – effektivere Nutzung von Erholungspausen – Intensiveres Erleben – besseres Verhältnis zur Umwelt – bessere Kontaktfähigkeit – leichtere Problemlösung – leichteres Einschlafen.
Wenn Sie drei Tage in der ruhigen Atmosphäre bei Enkelmann in Königstein die Gesetze des Umgangs mit sich selbst erlernt haben, sind Sie in der Lage, ruhiger, freier und bewußter ihr Leben zu gestalten. Machen Sie sich frei von Furcht und Streß.

Rhetorik Autorität

Körpersprache

Frei auftreten
Überzeugend verhandeln
Mitreißend reden
Begeisterung ausstrahlen

Rhetorik ist mehr, als reden können. Rhetorik ist das Wissen um die Wirkung des ganzen Menschen – und seine konsequente Anwendung.

Stufe I
Dazu gehört: Einführung in die Rhetorik – Rhetorik als Mittel zur Persönlichkeitsentwicklung – die Rednerpersönlichkeit – Atemtechnik – Ausbildung der vollen Stimme – Sprachtechnik – Steigerung des Selbstbewußtseins – Steigerung der inneren Kraft – Autosuggestion – Abbau der Hemmungen – Verkaufspsychologie – Schwachstellenanalyse – Stegreifredeübungen – die Ausschöpfung der sprachlichen und rhetorischen Möglichkeiten, Menschen zu gewinnen und zu überzeugen – Erfolgsmeditation.
In Theorie und Praxis lernen Sie in drei Tagen, Ihr Wissen und ihre Persönlichkeit voll zur Wirkung zu bringen. Moderne technische Hilfsmittel, wie Fernsehaufzeichnungsgeräte, unterstützen die Selbstkontrolle. Dieses Seminar ebnet den Weg zum Erfolg für Sie und Ihre Mitarbeiter.